CATALOGUE

DU

MINISTÈRE DE L'INSTRUCTION PUBLIQUE

EXPOSITION UNIVERSELLE DE 1878

CATALOGUE

DU

MINISTÈRE DE L'INSTRUCTION PUBLIQUE

DES CULTES ET DES BEAUX-ARTS

TOME II

2e FASCICULE

Missions et Voyages scientifiques
Exposition théâtrale

PARIS

IMPRIMERIE DE LA SOCIÉTÉ DE PUBLICATIONS PÉRIODIQUES

13, QUAI VOLTAIRE, 13

1878

MINISTÈRE DE L'INSTRUCTION PUBLIQUE

DES CULTES ET DES BEAUX-ARTS

M. BARDOUX
MINISTRE

M. CASIMIR PÉRIER
SOUS-SECRÉTAIRE D'ÉTAT

Le Ministre de l'Instruction publique, des Cultes et des Beaux-Arts

ARRÊTE

M. le baron O. de Watteville, directeur des sciences et lettres, membre de la Commission supérieure des Expositions, est chargé d'organiser et de diriger l'exposition spéciale du ministère de l'Instruction publique.

Fait à Paris, le 24 octobre 1876.

Signé : WADDINGTON.

Le Ministre de l'Instruction publique, des Cultes et des Beaux-Arts,

Arrête :

ARTICLE PREMIER.

Il est formé, au ministère de l'Instruction publique, sous le titre de Commission d'installation de l'Exposition, *une commission chargée de recevoir les objets envoyés pour l'exposition du Ministère, de choisir ceux qui méritent d'être exposés et de s'occuper de leur installation matérielle, c'est-à-dire d'ordonner et de surveiller tous les détails de l'appropriation de la partie du Palais du Champ-de-Mars qui leur est destinée.*

ART. 2.

Sont nommés membres de cette commission :

MM. BARBIER, instituteur à Paris, membre du jury d'admission aux Expositions de 1867 et de 1878 ;
    BILLOTTE, sous-chef de bureau au ministère de l'Instruction publique ;
    BOUTAN, inspecteur général de l'Enseignement secondaire, directeur de l'Enseignement primaire ;

CHARMES (Xavier), chef du cabinet du ministre de l'Instruction publique;
CHASLES (Emile), inspecteur général des langues vivantes;
CILLEULS (des), sous-directeur de l'Enseignement supérieur;
FOURNIER (Félix), membre adjoint de la Commission centrale de la Société de Géographie de Paris;
GŒPP (Edouard), chef du bureau des Bibliothèques scolaires;
LARCHEY (L.), conservateur-adjoint à la Bibliothèque de l'Arsenal;
MESNIL (du), conseiller d'Etat, directeur de l'Enseignement supérieur;
MOURIER, directeur de l'Enseignement secondaire;
REY (Guillaume), chargé de missions scientifiques pour le ministère de l'Instruction publique;
ROSSIGNEUX, architecte, membre du jury de l'Exposition de Vienne;
SERVAUX, sous-directeur des Sciences et des Lettres;
WATTEVILLE (baron de), directeur des Sciences et des Lettres.

ART. 3.

Cette Commission pourra s'adjoindre et consulter, suivant les besoins, des membres pris dans les diverses Commissions instituées près de notre ministère.

Fait à Paris, le 11 septembre 1877.

Signé : J. BRUNET.

Le Ministre de l'Instruction publique, des Cultes et des Beaux-Arts,

ARRÊTE :

Il est institué au ministère de l'Instruction publique, des Cultes et des Beaux-Arts, une Commission chargée d'organiser l'Exposition théâtrale.

Cette Commission sera composée ainsi qu'il suit :

MM. DE WATTEVILLE, directeur des sciences et des lettres, membre de la Commission supérieure des Expositions, président ;
ARMAND DUMARESQ, peintre ;
DE BEAUPLAN, sous-directeur des Beaux-Arts ;
BERGER, directeur des sections étrangères à l'Exposition universelle, professeur suppléant à l'École des Beaux-Arts ;
CHARMES, attaché au ministère de l'Instruction publique ;
DIÉTERLE, peintre décorateur ;
GARNIER (CH.), membre de l'Institut ;
HALANZIER, directeur de l'Opéra ;
NUITTER, archiviste de l'Opéra ;
PERRIN (EM.), membre de l'Institut, directeur de la Comédie-Française ;
OLIVIER DE WATTEVILLE, inspecteur des services administratifs au ministère de l'Intérieur.

Fait à Paris, le 17 septembre 1877.

Signé : BRUNET.

SALLE DES MISSIONS SCIENTIFIQUES

MISSIONS ET VOYAGES SCIENTIFIQUES

CATALOGUE

DES

OBJETS EXPOSÉS

I. — Carte des missions scientifiques exécutées depuis 1867 par ordre du ministre de l'instruction publique et dressée par M. Hennequin (avec l'épigraphe : *Quærite et invenietis*).

Cette carte est, pour ainsi dire le résumé, la table des matières de la salle des Missions. Elle permet de voir en un seul coup d'œil les noms des savants envoyés par le gouvernement pour faire des recherches scientifiques de toute nature (histoire, archéologie, sciences physiques, astronomiques, naturelles) et les différents points du globe qu'ils ont explorés.

En l'examinant, on peut se rendre compte tout à la fois de ce qui a été fait, de ce qui reste à faire.

On a cru devoir ajouter aux noms des missionnaires scientifiques de notre époque, ceux des plus illustres de leurs prédécesseurs ; pour ces derniers, on a indiqué la date du décès.

L'échelle réduite que l'on a été obligé d'adopter, et partant, les dimensions de la carte, n'ont pas permis d'insérer tous les noms des missionnaires. On va essayer de combler ici, en partie, cette lacune.

ALLEMAGNE

Halévy.
De Marsy.
De Neubauer.
Baudoin.
Revoil.

Tuetey.
Viallet.
Wurtz.
Faye et Villarceau.

ANGLETERRE

Zotemberg.
Dumont.
Halévy.

Janssen.
Darmesteter.
Brachet.

AUTRICHE-HONGRIE

Fouqué.
Viollet.
Hébert et Munier Chalmas.
Sayous.

Bouchon-Brandely.
Marié Davy.
Magitot.

BELGIQUE

Sauvage (abbé).
De Marsy.

Boutaric.
De Quatrefages.

ESPAGNE

Brasseur de Bourbourg (abbé).
Graux.

Bonnassieux.

FRANCE

Gérardin.
R. de Kerviler.
Duchatelier.
Bringuier et Tourtoulon.
Hébert et Munier-Chalmas.
Maître.
Bonnardot.
De Baye.

Blanc.
Bouchon-Brandely.
Chaplain-Duparc.
Du Cleuziou.
Luzel.
Marié Davy.
Neubauer.

GRÈCE ET ARCHIPEL

Dumont.
Lortet et Chantre.
Bourgault-Ducoudray.
Lebègue.

De Cessac.
Rayet.
Legrand

HOLLANDE

enant. | De Quatrefages.

ITALIE

Molard. | Revillout.
Aubé. | Viollet.
Armingaud. | Rayet.
Rayet. | Pecoul.
Darmesteter. | Marié Davy.
Hébert et Munier-Chalmas. | Millot.
De Marsy. | Perrat.

PORTUGAL

Livet. | L. de Cessac.

RUSSIE

G. Bertrand. | Louis Léger.
Des Cloizeaux. | Schéfer.
Rambaud. | De Quatrefages.
Berthelot. |

SUÈDE, NORVÉGE ET DANEMARK

Des Cloizeaux. | Hamy.
Graux. | Bertrand.
Mouton. | Soldi.

SUISSE

Fonssagrives. | Tuetey.
Neubauer. | Bouchon-Brandely.

TURQUIE D'EUROPE

Dozon. | Desjardins.
A. Dumont. | Beaudoin.
Duchesne (abbé). | Marié Davy.
Rayet. |

II. — Mission de M. André (Edouard) en Colombie, dans l'Equateur et au Pérou en 1875-1876. — Recherches sur l'histoire naturelle, la géographie et l'ethnographie.

N°s 1. *Carte générale* indiquant l'itinéraire de M. Éd. André.

2. *Panoplie d'objets variés des Indiens du rio Putumayo (Colombie), et du rio Napo (Equateur).*

   A. Bonnet de plumes d'ara (chef indien).
   B. Flûte indienne du Napo (Equateur).
   C. Guitare en carapace de tatou.
   D. Mochila (sac à chocolat) du Napo (Equateur).
   E. Maté (tasse) en coco taillé, de Loja (Équateur).
   F. Cuillers de la Colombie du sud.
   G. Colliers des Indiens de Macas (Équateur).
   H. Totuma (calebasse) non sculptée (Colombie).
   I. Collier en élytres de coléoptères de Colombie (Buprestes gigantea et chrysophora chrysochlora).
   J. Hamac d'enfant des Indiens Churuyès (Colombie).
   K. Colliers en dents de singe, Rio Napo (Équateur).
   L. Ceinture de plumes de perroquet (ara rauna) des Indiens de Macas (Équateur).

3. *Grande panoplie.*

   A. Collier de limaçons (caracolès) de la province de Loja (Equateur).
   B. Chapeau de paille de palmier, (province de Manabi Equateur).
   C. Totuma (calebasse) des environs de Pasto (Colombie).
   D. Bambou panaché de Cartago (Colombie).
   E. Totuma de Cali (Colombie).
   F. Chemise de femme, en écorce de *balso* (*Cochroma tomentosum*) du Napo (Equateur).
   G. Tortues des llanos de San Martin, près du rio Méta (Colombie) et de Macas (Équateur).

H. Moelle comestible (comme le Sagou) du *Ceroxylon. ferruginensis* (Équateur).

I. Champignon-amadou (*Polyporus*) (Colombie).

J. Nid de guêpes cartonnières, de Guataqui (Colombie).

K. Paniers de jonc des environs de Quito (Equateur).

L. Espadrilles (alpargatas) de fil de *pite* (*Fourcroy lougœva*) (Colombie).

M. Lupins du Pichincha (*Lupinus nubigenus* (Équateur).

N. Ecorce de *toro* (fébrifuge de Upin) (Colombie).

O. Palmier à vin (œnocarpus mafora) (Colombie.)

P. Laine textile de palmier *Unamo* (*Jessenia polycarpa*) (Colombie).

Q. Résinae de cocotier (*Cocos* nouveaux) du rio Daulé (Equateur).

R. Tablier des Indiennes du Napo, avec dents de jaguar graines, et élytres de grand bupreste (Équateur).

S. Matés (tasses) en vernis de Pasto.

T. Jupon en perles noires. Cordillère orientale.

U. Couronne tressée en feuilles de *palma real* (*Cocos botryophora*) à Cali (Colombie).

V. Mochila (bourse) des Indiens de la Cordillère orientale (Colombie).

W. Chalumeau des courriers (*corréos*) de l'Equateur.

X. Fibres de pita ou cabuya (*Fourcroya longœva*).

Y. Molinillo (instrument pour faire mousser le chocolat), Colombie.

Z. Maté (tasse) de corne cerclé d'argent. Pasto (Colombie).

a. Corde (*réjo*) ayant servi à la descente sous le pont d'Icononzo (Colombie).

b. Jupon en os de singes (Indiens de la Cordillère orientale de l'Equateur.

c. Jupon en feuilles de *panicum* (même provenance).

d. Fibres de cumaré (*astrocaryum Cumare*), avec lesquelles les Indiens du rio Méta (Colombie) tressent des hamacs et des vêtements, produit excellent très-résistant.

e. Liane (bejuco) fine, longue de 25ᵐ (Equateur).

f. *Fonoscopio* (téléphone) des enfants de Fusagasugé, (Colombie).

g. Flèche des Indiens de l'Equateur.

h. Sarbacane (*bodoquéra*), pour lancer les flèches empoisonnées.

Nᵒˢ 4. *Panoplie d'objets variés de Colombie et de l'Équateur.*

A. Panier (canasto) d'enfant, modèle de ceux des (*carguéros* des Barbacoas (Colombie).

B. Collier en plumes de toucan (Equateur).

C. Soufflet (*fuelle*), de Pasto (Colombie), en jonc des lacs (*Scirpus*).

D. Tabliers en feuilles de palmier (Equateur).

E. Carapace de tatou (*Dasypus sexcinctus*), Equateur.

F. Cordons brodés avec emblèmes (Pasto, Colombie).

G. Calebasse à coton pour garnir les flèches de la bodoquéra (Equateur).

H. Eventail en plumes (Equateur).

I. Collier de graines du *Coix lacryma*, orné de peaux de l'oiseau *sietecolorés* (*Tangara septicolor*). Indiens de la Cordillère orientale.

J. Carquois de bambou contenant des flèches empoisonnées par le *curare*, (Colombie et Equateur).

K. Collier de dents de jaguar (Equateur).

L. Peignes des Indiennes du Rio Napo (Equateur).

M. Ailes de colombes fétiches (Equateur).

5. Nid de cassiques de Quindio (*cassicus Alfredi*) (Colombie) avec l'oiseau.

6. Nid de cassique noir (*ocyalus Wagleri*) de l'Équateur avec l'oiseau.

Nos 7 et 8. Collection d'objets variés, plats, coupes, tasses, cuillers, bidons, etc., peints par les indigènes de Pasto (Colombie) et revêtus du fameux *vernis de Pasto* fourni par l'*Elœgia utilis*.

9. Chef indien de la cordillère orientale de l'Équateur (Rio Napo) en costume de guerre.

10. Porteuse ou *corguéra* des environs de Pomasqui (Équateur), portant le costume du pays.

11. Buste d'un Indien de Seboudoï, tribu non civilisée, près Pasto (Colombie).

12. Indienne des environs de Manabi (Équateur).

13. Indien de Rio Napo (Équateur).

14. Indien de Loja (Équateur).

15. Carte détaillée de la région de Pasto (Colombie), comprenant l'itinéraire de M. André, ses relevés géographiques nouveaux à la lagune Cocha et ses rectifications diverses.

16. Coupe inca trouvée dans les fouilles de Chordeleg, près Cuença (Équateur).

17. Vitrine à six rayons.

Premier rang. — Faïences de Quito (équateur).

Poterie variées des Indiens Shyris Caras, qui ont précédé la civilisation inca (Équateur).

Modèles en petits des Carguéros de l'Équateur.

Vases et coupes en vernis de Pasto.

Deuxième rang. — Spécimens de la collection de 140 espèces d'oiseaux mouches et d'oiseaux divers rapportés par M. André de la Colombie et de l'Équateur.

Troisième rang. — Spécimens d'oiseaux divers de la Colombie et de l'Équateur.

Jouets d'enfants en vernis de Pasto (Colombie).

Spécimens de la collection de papillons rapportés par M. André de la Colombie et de l'Équateur.

Quatrième rang.

A. Insectes variés de la Colombie et de l'Équateur.
B. Fossiles variés de la Colombie et de l'Équateur.
C. Spécimens de la collection géologique recueillie par M. André dans la Colombie et l'Équateur.
D. Peignes d'écaille, sculptés à Quito au xvi° siècle.
E. Graines variées de la Colombie et de l'Équateur.
F. Gomme résine précieuse (Équateur).
G. Scarabée Hercule (mâle et femelle) Colombie.
H. Épingle d'argent des anciens Incas (Équateur).
I. Sel gemme de Upin (bassin du Méta) Colombie.
K. Cire vierge de palmier du Quindio (*Ceroxylon Andicola*) Colombie, très-utile produit.
L. Araignées fileuses de San-Martin (Colombie). Soie à utiliser pour l'industrie.
M. Corne de *venado* (petit cerf des Andes).
N. Fruit de bignoniacée de l'Équateur.
O. Collection d'œufs d'oiseaux de la Colombie et de l'Équateur.
P. Pot contenant du curare fabriqué par les Indiens du Napo (Équateur).

Cinquième rang. — Vases, haches de pierre variées, de bronze dit trempé, etc., des anciens Shyris Caras (Équateur).

Sixième rang. — Ossements découverts par M. André dans les *cuévas* presque inaccessibles des anciens indiens Pauchés (Colombie), polypores, fruit purgatif de l'algarrobo (Césalpiniée), caoutchouc natif, bombes volcaniques, calebasses, savon végétal entouré de feuilles de *tillandsia*, héliconia, etc.

N° 18. Types (demi-naturé) des Indiens de Loja et du Rio Napo (Équateur).

Nos 19. Photographies diverses de vues et types du Pérou et de l'Équateur.

20. Types du cortége des processions du *corpus* (Fête-Dieu) et du Vendredi-Saint à Quito (Équateur).

21. Vue de la cascade du Téquendama (Colombie). Hauteur totale, 146 mètres (salle n° 2). [Salle de l'Enseignement supérieur].

22. Vue de la faille du rio de Sumapaz, au-dessous du pont d'Icononzo (Colombie), où a eu lieu pour la première fois la descente à pic, le 8 février 1876 (Hauteur totale, 101^m,75) (salle n° 2). [Salle de l'enseignement supérieur].

23. Coupe géologique du pont d'Icononzo, montrant la pierre tombée (dit *cabeza del diablo*) et le lit de schiste naturel sur lequel elle repose (salle de l'enseignement supérieur).

NOTA. — 4,300 espèces de plantes sèches. 140 produits végétaux dans l'alcool, propriétés du Muséum d'histoire naturelle de Paris, une collection de poissons et reptiles, des mammifères et de nombreux objets divers provenant du voyage de M. André, n'ont pu être exposés ici. Ses publications sur son exploration en Amérique sont dans la Bibliothèque des Missions, salle voisine, n° 2.

III. — Armand Dumaresq. Mission dans l'Amérique du Nord pour étudier les différentes méthodes pour l'enseignement du dessin (1870) :

Deux cadres renfermant des types d'Indiens photographiés d'après nature.

IV. — Berger (Voir Sainte-Marie).

V. — Bourgoin Esclavy. Mission à Damas en 1874, pour étudier l'architecture et les arts décoratifs des Arabes.

Quatre aquarelles.

VI. — Cessac (Léon de). Mission dans les deux Amériques. — Résultats des fouilles dans la nécropole d'Ancon, près Lima.

N° 1. Collection céramique de la décadence péruvienne (vases, statuettes funéraires, etc.)

Nos 2. Collection d'ustensiles, paniers, etc., à l'usage des femmes peruviennes.

3 et 4. Deux panneaux. — Etoffes brodées ou peintes, vêtements divers, etc. (même provenance).

5. Un panneau : — Industries péruviennes (filet, tissage, teinture, etc.) et rites funéraires.

6. Un panneau. — Objets en os, bois et métaux découverts dans les fouilles.

Chaplain-Duparc. — Mission archéologique au Mans, dans les grottes de Clèves, Haute et Basse Falise, Obri-Désiré, grottes du Plume-Coq.

Rayon supérieur.

Quatre tableaux, contenant des ossements d'hommes et d'animaux.

Un tableau, d'armes en bronze et en silex. — Fragments de poterie.

Deuxième rayon.

Douze tableaux de pointes de flèches en silex.

Un tableau de fragments de poterie.

Un tableau de spécimens conchyliologiques.

VII. — Du Cleuziou (Henri). Mission à Carnac (Morbihan), pour étudier le monument dit : *les alignements de Carnac :*

Série de gravures destinées à une publication. — Les alignements de Carnac. — Un panneau.

Nos 1. Le Grand Menhir renversé du Manio.

2. Menhir des Bocenos.

3. Vue générale des alignements de Kermario.

4. Un des menhirs de Kermario.

5. Dolmen du Mané Rohec Kervilor.

6. Dolmen et tumulus de Kercado.

Nos 7. Kermario, les grandes pierres.
   8. Kermario, les grandes pierres.
   9. Vue du bourg de Carnac.
   10. Vue des alignements de Kerlescan.
   11. Dolmen dans le bois du Luc.
   12. Dolmens du Mané Cua.
   13. Vue générale de Kerlescau.
   14. Dolmen du Mané er Roch Kermarque.
   15. Le Menec, vue du pont des alignements.
   16. Le Mont Saint-Michel, vu du Crach tri men.
   17. Vue du Pô, port de Carnac.
   18. Le Moulin de Kermaux.
   19. Dolmen du Marie et Roch Kermarques.
   20. Le Menec, les grandes pierres.
   21. Fontaine du Menec.
   22. Vue générale de Kermario.
   23. Fontaine de Kermario.
   24. Kermario, les grandes pierres.

VIII. — Corroyer. — Mission à l'Abbaye du Mont Saint-Michel. — Objets trouvés pendant le cours des travaux entrepris depuis 1872 par la commission des monuments historiques, ou recueillis au Mont Saint-Michel et à Paris, par M. Ed. Corroyer, architecte du gouvernement, chargé des études sur l'état du Mont Saint-Michel et de la direction des travaux de restauration.

Nos 1. Crosse de Robert de Torigni.
   2. Fragment du bâton de la crosse.
   3. Epitaphe.

Trouvés dans le tombeau de Robert de Torigni, quinzième abbé du Mont, 1154-1186, mort en 1186 et enterré au pied de la tour sud. Ce tombeau, situé sur l'emplacement du porche, entre les deux tours élevées par Robert vers 1180, à l'ouest et en avant de la nef romane, a été découvert en 1875 sous la grande plate-forme actuelle à l'ouest de l'église.

Nos 4. Crosse de Dom Martin.

5. Epitaphe de Dom Martin.

Trouvées dans le tombeau de Dom Martin, seizième abbé du Mont, 1186-1191; mort en 1191 et enterré à *senestre* de Robert de Torigni.

Nos 6. Monnaie du Mans.

7. Monnaie d'Angers.

8. Monnaie de Tours.

Trouvées dans les fouilles de la grande plate-forme à l'ouest de l'église et dans les ruines de l'escalier descendant des chemins de ronde du nord à la fontaine Saint-Aubert.

N° 9. Bague (le chaton porte, gravées en creux, deux colombes se désaltérant dans un calice).

Trouvée sur l'emplacement de l'ancien dortoir au nord de la nef romane (actuellement sous le dallage de la plate-forme à l'ouest de l'église).

Nos 10, 11, 12, 13, 14, 15, 16, 17, 17 *bis*. Fragments de vitraux peints (XIIe siècle), trouvés dans les escaliers et passages (actuellement comblés) descendant de la nef de l'église à l'ancien charnier des moines ou cimetière souterrain.

Nos 18, 19, 20. Ampoules en plomb.

Recueillies dans la Seine au Pont-au-Change, à Paris.

N° 21. *Enseigne* de Saint-Michel (en étain — XIVe siècle).

Trouvée dans la Seine au Pont-au-Change à Paris.

Nos 22. Petite plaque en étain (fragment d'un collier).

23. Anneau de pèlerin (en étain).

24. Sonnette de pèlerin (en étain).

Trouvés dans la Seine au Pont-au-Change, à Paris.

N° 25. Moule en pierre schisteuse servant à couler, en plomb ou en étain, des *enseignes* de pèlerinage (xv° siècle).

Trouvé au Mont Saint-Michel en 1877.

N° 26. *Enseigne* de pèlerinage représentant la Vierge et saint Michel et rappelant le double pèlerinage du Mont Saint-Michel et celui de Tombelaine ; dans ce dernier sanctuaire, la Vierge était honorée sous le nom de *Notre-Dame la Gisante de Tombelaine*.

Trouvée au Mont Saint-Michel en 1877.

N° 27. *Grande enseigne* de saint Michel (xv° siècle).

Trouvée dans la Seine au Pont-au-Change, à Paris.

N°s 28. Coquille de pèlerin (en plomb).
29 et 29 *bis*. Coquilles de pèlerin, chargées d'une figure de saint Michel (en étain, xv° siècle).

Trouvées dans la Seine au Pont-au-Change, à Paris.

N° 30. Bouton de pèlerin (en étain).

Trouvé dans la Seine au Pont-au-Change, à Paris.

N° 31. Méreau de la corporation des pâtissiers-oublieurs (en étain, xv° siècle).

Trouvé dans la Seine au Pont-au-Change, à Paris.

N° 32. (5 pièces) figures de saint Michel (en plomb) destinées à être fixées aux chapeaux ou cousues sur les vêtements des pèlerins.

Trouvées dans la Seine au Pont-au-Change et au Pont-Saint-Michel, à Paris.

N° 33. Cornet de pèlerin (en étain, xv° siècle).

Trouvé dans la Seine au Pont-au-Change, à Paris.

N° 34. Fragment de carreau en terre cuite émaillée (xiii° siècle).

Trouvé dans les bâtiments de la Merveille au Mont Saint-Michel, 1875.

N°s 35. Carreau en terre cuite émaillée (xiii° siècle).
36.- Bague (chaton fleurdelisé).

Trouvés dans les fouilles de la chapelle Saint-Étienne au Mont Saint-Michel, 1878.

N° 37. Mouton d'or, frappé au Mont Saint-Michel de 1426 à 1429.

« Le roi Charles VII, ne pouvant envoyer aucun secours aux
« religieux, leur permit : — pour l'espace de trois ans, de
« battre toute sorte de monnaie en ce mont, qui eut cours
« par toute sa domination. — (Actes de concession de l'an
« 1426 — ms. d'Avranches, n° 209). »

Trouvé à Ducey (Manche), en 1878.

N° 38. Carreaux en terre cuite émaillée (viii° siècle).

Trouvés dans les fouilles de la chapelle Saint-Etienne au Mont Saint-Michel.

(Voir à la Bibliothèque des Misssions scientifiques : la *Description de l'abbaye du Mont Saint-Michel*, publiée par M. Ed. Corroyer, architecte du gouvernement. Paris, 1877.)

IX. Mission de M. Ch. Cournault en Suisse, en Bavière, et Autriche, 1873-1877. — Recherches dans les collections préhistoriques de ces différentes contrées.

N°s 1. Collection de M. le Dr Gross à Neuveville. — Antiquités Lacustres, épingles, bracelets, haches, etc.

2. Munich. — Musée national bavarois. — Casques en bronze.

3. Collection de M. le Dr Gross à Neuveville. — Haches et pointes de fer.

N⁰ˢ 4. Anneaux, vases d'argile, canton de Berne.

5. Collection de M. le Dr Grosse à Neuveville. — Vases en argile, aiguilles et porte-aiguilles.

6. Collection de M. Teplouchoff (Russie) fers à cheval.

7. Collection de M. Teplouchoff. Antiquités de la Russie orientale. — Bronzes, bijoux, haches.

8. Collection de M. Teplouchoff (Russie orientale). — Pointes de flèches en opale, vases, etc.

9. Collection de M. Teplouchoff (Russie orientale). — Bijoux.

10. Collection de M. Teplouchoff. — (Russie orientale). — Bijoux.

11. Collection de M. Teplouchoff (Russie orientale). — Plaques en bronze, boules et mailles, colliers en boule, d'émail et en perles de cristal.

12. Collection de M. le Dr Gross, à Neuveville. — Bracelets, couteaux, etc.

Toutes les aquarelles de M. Cournault, au nombre de plus de trois cents, sont à la Bibliothèque nationale.

X. Crevaux (Jules), médecin de 1re classe de la marine. — Mission à *La Guyane* dans le but d'explorer l'intérieur de cette région qui était inconnu.

Objets exposés :

N⁰ˢ 1. Carte indiquant l'itinéraire du voyageur.

2. Deux panoplies.

Première panoplie. — (*objets des Indiens Roucouyennes.*)

A. Panier en *arouma* (palmier).

B. Hamac en coton des Indiens Roucouyennes du Maroni et du Yary.

Le mot *hamac* vient de la langue des sauvages des Guyanes; il n'a été adopté en Europe que vers le milieu du XVIe siècle.

C. Ceinture en peau de jaguar portée par les femmes Roucouyennes.
D. Flûtes faites avec des tibias de biche.
E. Diadème en plumes.
F. Grandes plumes rouges fixées à un petit bâton que les Indiens passent dans une perforation du lobule de l'oreille. Cet espèce de panache n'est porté que par les hommes.
G. Couronnes en plumes.
H. Collier formé de petites calebasses renfermant la peinture rouge (*roucou*) dont tous les indigènes des Guyanes se barbouillent le corps et les cheveux.
I. Collier en graines de panacoco (légumineuse).
J. Peinture grossière sur bois qui couronnait l'intérieur d'un carbet. Cette image exécutée par un chef indien qui n'avait jamais eu de relations avec les blancs fait allusion aux difficultés de la navigation du Yary. On distingue une grenouille prenant ses ébats qui est arrêtée par des monstres informes analogues aux dragons de la fable.

La grenouille est l'emblème de l'Indien Roucouyenne désireux d'aller voir les blancs, mais qui est arrêté par des monstres symbolisant les grandes chutes du Yary (chute du *Désespoir* et chute de la *Pancada*).

Deuxième panoplie

A. Peigne des nègres *Bosh*. Ces habitants du haut Maroni[1] sont d'anciens esclaves fugitifs de la Guyane hollandaise qui ont repris la vie sauvage.— Leur désertion date de 1715
B. Instrument pour battre le riz, (nègres Bosh).
C. Ceintures noires en poils de singe Conata (Roucouyennes).
D. Ceintures en coton colorée en rouge par le roucou, (Roucouyennes).
E. Petit vase en forme de cruche des indiens Galibis établis dans le bas Maroni.
F. Calebasses coupées servant d'assiette et de verre à boire. (Roucouyennes).

G. Hotte tissée en arouma, désignée sous le nom de Catouri par les Roucouyennes.

Cet instrument, que l'on porte au dos, prend son point d'appui sur le front par une lanière en écorce.

XI. Delaporte (Louis), lieutenant de vaisseau, chef de mission, et Faraut (Félix), continuateur de la mission. — Mission au Cambodge, pour étudier les anciens monuments khmers et réunir les éléments d'un musée d'antiquités cambodgiennes. (1873-74.) — Carte de l'Indo-Chine méridionale, donnant la place des monuments explorés par la mission.

N° 1. Modèle au 1/10° d'une des portes de la citadelle d'Angcor Tôm.

Restitution par M. le lieutenant de vaisseau Delaporte, d'après ses relevés, des ruines encore existantes; les cotes sont prises par M. Ratte, ingénieur civil, membre de la mission. Sculpture par M. Emile Soldi.

L'ancien royaume de Cambodge, ou royaume Khmer, s'étendait sur la partie méridionale de l'Indo-Chine. Les origines du peuple khmer sont inconnues : ce peuple semble avoir fait son apparition au Cambodge dans les premiers temps de notre ère, s'être développé et avoir atteint sa plus grande puissance vers le IXe ou le Xe siècle, pour décroître ensuite pendant une période de quatre ou cinq cents ans. Il a professé successivement les religions brahmaniques et boudhiques, mélangées de croyances locales. — Les nombreux monuments dont on retrouve aujourd'hui les ruines au Cambodge sont issus d'une civilisation qui aurait duré pendant un millier d'années.

La ville d'Angcor a été la plus importante des capitales du royaume Khmer. Cette ville est située dans une vaste plaine, parsemée aujourd'hui des ruines de quarante temples ou autres édifices d'une très-grande étendue, formant jadis un immense centre de population.

Angcor Tôm, citadelle et ville royale, est enceinte par une épaisse muraille de près de quatre kilomètres de tour, bordée d'un fossé de 120 mètres de large. Cinq portes monumentales y donnent accès; ces cinq portes ne diffèrent que par les détails de leur ornementation. Chacune d'elles est flanquée de douze éléphants plus grands que nature, montés par des divinités. Le motif principal de la construction est une tête gigantesque à quatre faces, la tête du dieu Brahma, ornée d'un collier de femmes (de grandeur naturelle) en prière. Cette tête quadruple est surmontée ou coiffée de trois pyramides en forme de tiares, terminées par des statues en bronze doré.

Le modèle exposé représente plus spécialement la porte Sud-Est. — Faute de place, la chaussée, bordée de géants, a été réduite à un quart de sa longueur environ. Elle est soutenue latéralement par deux files de grands oiseaux (garoudhas) enserrant dans leurs griffes des serpents (nagas) polycéphales, motif reproduit d'après les chaussées de la citadelle de Préakan. L'architecture de cette porte appartient à la première période de l'épanouissement de l'art khmer, celle qu'on pourrait appeler période de l'imagination.

A cette époque, on prodiguait encore dans la grande ornementation les figurations multiples et inégales de forme et de proportions. La symétrie était suffisante à l'œil, mais l'artiste ne s'astreignait pas à une régularité mathématique, ni pour le plan général, ni pour les divisions des moulures et des ornements.

Dans la sculpture, le caractère se manifeste principalement par la rondeur des formes, la profusion des ornements. Les pieds et les mains, et surtout les emmanchements, sont souvent défectueux ; en revanche, les têtes ont une grande finesse de type et d'expression. Dans les bas-reliefs, les raccourcis sont évités, la perspective est conventionnelle et les plans sont superposés.

Une partie des ornements, quelques figures et les géants formant le parapet du pont ont été reproduits d'après les pièces originales rapportées par la mission et exposées actuellement dans les galeries du Trocadéro. (Section cambodgienne.)

N° 2. — Plans de quelques-uns des monuments relevés par la mission.

N. B. Dans les plans, la teinte blanche ou grise indique le grès, la teinte rouille la pierre dite bien-hoa (concrétion très-dure d'argile et de fer) ; la teinte rouge, la brique.

Le signe ✶, partout où il est employé, marque la présence d'une *préasat*, ou tour pyramidale à étages.

A. Plan et élévation (façade est) du temple de Méléa. — Echelle de 0ᵐ,005.

B. Plan du temple de Baïon. Echelle de 0ᵐ,005.

C. Détail du sommet de la plus petite tour du temple de Baïon. Echelle de 0ᵐ,1.

D. Élévation (façade est) du petit temple à cinq tours de Séliam. Échelle de 0ᵐ,05.

E. Plan du grand temple de Préakan. Echelle de 0ᵐ,05.

F. Plan du temple pyramidal de Ta-kéo. Echelle de 0ᵐ,005.

G. Plan de Mi-Baume. Echelle de 0ᵐ,005.

H. Plan du temple et de la citadelle de Prey. Echelle de 0ᵐ,005.

I. Plan d'un édifice et d'une tour ornée de la quadruple face de Brahma. (Cet édifice est situé près du grand temple de Préa-Kang). Echelle de 0ᵐ,005.

J. Plan du temple de Basset. Echelle de 0ᵐ,005.

K. Plan du temple de Athvéa. Echelle de 0ᵐ,805.

L. Citadelle de Préasat-Couk. Echelle de 0ᵐ,075.

XII. — Fouqué (Ferdinand). Mission à Santorin pour étudier les phénomènes volcaniques en 1867 et 1875.

Objets exposés :

Nᵒˢ 1. Dessins pittoresques de l'éruption de Santorin (d'après des photographies).

2. Coupes microscopiques de roches (dans le passage vitré).

3. Dessins coloriés de préparations microscopiques de roches (*Idem*).

4. Partie en voie de publication d'un ouvrage sur Santorin et ses éruptions (salle de l'Enseignement supérieur sur la table).

XIII. — Gérardin (Auguste). Mission en France pour étudier l'altération et l'assainissement des rivières en 1874.

Nᵒ 1. Carte de l'altération de la Seine aux abords de Paris, du 1ᵉʳ juillet 1874 au 1ᵉʳ juillet 1875.

N° 2. Appareil pour mesurer le degré d'altération des eaux.

Quand un être organisé se développe dans l'eau, il y a élimination d'oxygène, fixation de carbone, d'hydrogène et d'azote empruntés à l'acide carbonique, à l'eau et à l'acide azotique. Pendant la décomposition qui suit la mort, il y a au contraire absorption d'oxygène pour ramener les aliments constituants de l'être organisé à l'état d'acide carbonique d'eau et d'acide azotique. Tel est le cycle qui relie les êtres organisés et les corps inorganiques. Le dosage de l'oxygène dissous détermine en quel point de ce cycle se trouve une eau donnée. Ce dosage se fait au moyen de l'hydrosulfite de soude, préparé par l'action du zinc sur le bisulfite de soude. Au moyen du sulfate de cuivre, on titre l'hydrosulfite de soude avant de le faire agir sur l'eau teintée avec le bleu Coupier. Le dosage de l'oxygène dans l'eau se fait sur place, à froid, par la simple lecture des divisions d'une burette graduée.

XIV. — Guillemin-Tarayre (Edmond), ingénieur civil des mines. — Mission à Madagascar pour étudier la géologie du N.-O. de l'île et reconnaître la nature des terrains à combustibles minéraux. — Voyage effectué en 1863. — Rapport à l'Académie des sciences, présenté par M. Elie de Beaumont. — Publication du mémoire dans les annales en 1867. — Esquisse géologique gravée en 1870. — Le fait le plus important de ce voyage est la constatation d'un bassin houiller d'une grande étendue sur la côte N.-O. de Madagascar.

Cadre n° 1.

Esquisse géologique de Madagascar aux reconnaissances et profils relevés sur plusieurs points de l'itinéraire.

Mission en Californie dans la Nevada et au Mexique 1864-1867.

Cadre n° 2.

Carte des régions mexicaines, coupe géologique du Mexique de l'E. à l'O.

Profil de trois isthmes américains.

Carte de principaux centres de la production des métaux précieux au Mexique.

Carte des deux Californies, de la Nevada et des territoires circonvoisins avec coupes géologiques.

Tableau des températures de l'Océan Atlantique entre les côtes du Mexique et celles de la France.

Tableau d'assemblage d'une carte orographique en préparation.

Cadre n° 3.

Esquisse géologique des anciennes possessions mexicaines du nord.

Carte générale de la haute Californie et de la Nevada.

Carte minéralogique des mêmes contrées.

Carte géologique. *Idem.*

Types des tribus indiennes du Grand-Bassin.

Cadre n° 4.

Esquisse géologique des régions métallifères de la Californie centrale.

Carte de la région du pétrole, sud de la Californie.

Six coupes géologiques prises transversalement à la sierra Nevada.

Les résultats principaux de cette seconde mission sont contenus dans un rapport de 30 p. adressé à M. V. Duruy, ministre de l'instruction publique, et publié en 1869 dans les archives de la commission scientifique du Mexique. Les faits les plus importants relevés dans ce rapport sont : 1° une monographie des ruines de la Quémada, ruines de Tuillan ; 2° les premières indications données sur l'âge préhistorique en Amérique.

Les résultats des études minéralogiques et géologiques sont développés dans un volume dont 25 feuilles sont publiées ainsi qu'un atlas de 18 planches.

Les résultats du voyage au Mexique sont proposés pour la publication.

XV. — Guimet (voir Regamey). — Mission au Japon, en Chine et dans les Indes, pour étudier les religions de ces contrées. 1876-1877.

XV *bis.* — Hamy (Ernest), docteur en médecine, aide naturaliste au Muséum. — Spécimens de cartes destinées à l'enseignement de l'ethnologie, tirées d'un atlas en préparation.

N⁰ˢ 1. Races humaines de la Mélanésie occidentale. — Cette carte a été construite, suivant la méthode analytique, en compulsant les documents originaux sur la région étudiée, et consignant sur la carte les résultats que fournissent les observations isolées.

2. Distribution géographique des races humaines de l'Archipel indien. — L'auteur a dressé cette carte par la méthode synthétique, en généralisant les résultats acquis à la science par les voyages les plus récents (salle de l'Enseignement supérieur).

XVI. — Hébert et Munier-Chalmas. Mission en Allemagne, en Suisse, en Italie, en Autriche, en Hongrie.

Recherches géologiques.

La vitrine qui renferme les spécimens est dans la salle de l'enseignement supérieur. En voici le détail :

N⁰ˢ 1. Deux tableaux de coupes géologiques prises dans le nord de l'Italie, placés au-dessus de la vitrine : montrant la disposition relative des assises tertiaires et leur rapport avec la craie (*scaglia*).

Partie supérieure de la vitrine :

2. Série des principales modifications (métamorphisme normal) des roches crétacées et tertiaires au contact ou dans le voisinage des roches volcaniques.

3. Série de roches et de fossiles du *Vicentin* et du *Véronais*, choisis parmi les plus importants, disposés dans l'ordre stratigraphique, groupés dans treize divisions, dont neuf appartiennent au terrain tertiaire inférieur, et quatre au terrain tertiaire moyen.

En outre, on a exposé les fossiles caractéristiques de la partie supérieure de la craie, sur laquelle repose le terrain tertiaire.

4. *Partie inférieure de la vitrine.* — Série de roches et de fossiles provenant des terrains tertiaires de la Hongrie (Bakony, Gran, Bude, etc.), également classés stratigraphiquement. Le terrain tertiaire inférieur renferme cinq divisions, représentées chacune par leurs fossiles les plus caractéristiques, et le terrain tertiaire moyen quatre.

N⁰ˢ 5. Tableau comparatif des assises tertiaires du Vicentin et de la Hongrie.

6. Un carton renfermant les mémoires présentés par les auteurs à l'Académie des sciences sur la géologie de ces régious, et publiés dans les comptes rendus.

Nota. — Les objets exposés, au nombre de plus de 400 cartons, ne représentent qu'une faible partie des matériaux recueillis pendant la mission, le reste des échantillons est déposé dans les collections de la Faculté des sciences ; ils sont à la disposition des savants qui voudraient les examiner.

7. Dans une vitrine latérale se trouvent deux séries de préparations faites par M. Munier-Chalmas.

La première montre un *Hemicidaris crenularis* de l'étage corallien, avec la lanterne d'Aristote, complétement dégagée, et une série d'appareils internes de brachiopodes jurassiques et crétacés, appartenant aux genres *Terebratula*, *Waldheimia*, *Terebratella* et *Spiriferina*.

La deuxième renferme une série de feuilles, de fleurs, de fruits, d'insectes et de mollusques provenant des travertins de Sezanne (eocène inférieur). Ces préparations ont été obtenues par moulage. On y voit les organes parfaitement en place, sans aucune déformation, comme dans l'*Astacus Edwardsi* (écrevisse) et dans les fleurs de *Sezanea major*.

XVII. — D⁰ Harmand (Jules), médecin de la marine. Mission en Indo-Chine (Cochinchine. — Cambodge. — Royaume de Siam, — Laos). 1875-76-77. — Pour étudier différentes questions historiques, archéologiques, etc. — Lever la carte des pays nouveaux parcourus. — Rapporter des collections zoologiques, botaniques, anthropologiques, etc.

N⁰ˢ 1. Carte des itinéraires.

2. Panoplie I. — Objets, armes et ustensiles des populations sauvages indo-chinoises.

3. Panoplie II. *Idem.*

XVIII. — Hennebert (L.-C.). Mission dans le midi de la France et nord de l'Italie pour étudier l'histoire d'Annibal.

Carte des opérations d'Annibal, de Perpignan à Turin.

XIX. — Marche (Alfred). — Mission dans l'Afrique centrale (par la côte occidentale) pour recherches géographiques, ethnographiques et zoologiques, 1875-1877.

Nos 1. Carte du cours de l'Ogooué sur une longueur de 600 kilomètres. La partie tracée exclusivement en rouge est entièrement nouvelle. (Voir la légende).

2. Trophée : composé de (pièces principales) :

   A. Couteau de sacrifice des Osseyba.
   B. Sagaies.
   C. Flèches des Adouma.
   D. Chasse-mouches des Okanda.
   E. Arc des Adouma.
   F. Bracelet des Adziana (taillé dans une défense d'éléphant).
   G. Sonnette fétiche des Osseyba.
   H. Sabre des Bakalais et des Bangoué.
   I. Couteau des Osseyba.
   J. Couteau des Adziana.
   K. Hache.
   L. Natte des noirs de l'Ogooué.

3. (Pièces principales) :

   A. Fétiche des Okanda servant aux danses nocturnes.
   B. Sagaies.
   C. Flèches des Adouma.
   D. Ceinture des Adziana.
   E. Chasse-mouches à manche sculpté.
   F. Couteau des Okanda et des Adziana.
   G. Couteau servant de rasoir.
   H. Pagne fait pour un Okanda.
   I. Couteau.
   J. Tondo (épingles dont les femmes Adouma se servent pour natter leurs cheveux et qu'elles fichent dans leur coiffure.

K. Tondo en ivoire des femmes M'pongoué.
L. Petite natte fabriquée dans le haut de la rivière et servant de pagne.
M. Fil et corde.
N. Ceinture des Adouma.
O. Grande natte des noirs du Bas-Ogooué.

XX. — Mouchot (Augustin). Mission d'Algérie, 1877-1878. — Pour étudier l'utilisation industrielle de la chaleur solaire.

N° 1. Dessin du grand récepteur solaire destiné à l'Exposition du Trocadéro.

Appareils exposés :

N°s 1. Bouilleur solaire.
2. Alambic solaire.
3. Four de campagne et rôtissoire.
4. Chauffe-vin.

Avec ces appareils M. Mouchot a pu utiliser jusqu'à 9 et 10 calories par minute et par mètre carré. L'ébullition d'un litre d'eau froide se produisait dans ces circonstances en 45 minutes; la distillation du vin, la rectification des alcools, la cuisson des aliments et du pain s'effectuaient rapidement avec ces petits appareils.
Enfin, le rôtissage des viandes s'opérait également en moins de 30 minutes et donnait d'excellents résultats.

XXI. — Munier-Chalmas. (V. Hébert).

XXII. Pinart (Alphonse). — Mission dans les deux Amériques et en Océanie.

N°s 1. Carte montrant les itinéraires suivis par le voyageur depuis le cap Breton jusqu'à Plover-Bay, et de Santiago du Chili aux îles Viti, pendant les années 1870-1877.

2. Deux panneaux. — Ethnographie de la Guyane brésilienne, lances, arcs, flèches, sarbacanes, costumes et ornements de plume, etc.

N⁰ˢ 3. Collection de vases de toutes formes de la période des Incas, etc., recueillis le long de la côte du Pérou.

4. Ethnographie des anciens Indiens californiens, résultats de fouilles exécutées dans les *Shell-Mounts* de la baie de San Francisco (Strawberry, Creek, Angel Island, etc.

Colliers et pendeloques de coquilles, lances en obsidienne, ornements d'oreille, pilons, mortiers, peson de fuseau en pierre, etc.

5. Résultats des fouilles exécutées dans les Casas grandes de Montezuma, au Rio Gila.

Hache à gorge, tranchet de pierre, pierre à moudre, débris de bois de la *Casa*, portion d'adaube sur laquelle on voit l'empreinte des roseaux qui formaient la charpente.

Le reste de l'exposition de M. Pinart se trouve au Trocadéro (aile de Passy).

XXIII. — Pradier (John). — Mission en Algérie en 1874.

Aquarelle représentant la porte des comptables de la marine à Alger.

Traduction des diverses inscriptions gravées sur cette porte, qui sert d'entrée à l'une des plus anciennes forteresses de la ville.

Un type indigène (tableau à l'huile).

XXIV. — Achille Raffray. — Mission scientifique en Nouvelle-Guinée pour des recherches zoologiques, ethnographiques et géographiques (1877).

N° 1.

A. Carte du Nord de la Nouvelle-Guinée avec itinéraire de M. Raffray et deux profils des monts Arfaks et de leur prolongement à l'Ouest d'après les documents manuscrits de A. Raffray.

B. Pagne en écorce de figuier tannée et peinte, à l'usage des femmes de Dorey et d'Amberbaki.

C. 35 flèches de modèles différents, pointes en bois, en os et en bambou.

D. Cuillère en bois pour le sagou, avec anneau et figurine. (Sculpture dans un seul morceau de bois.)

E. 2 Pedas ou sabres des Arfaks, matière première importée par les Malais, fabrication indigène.

F. 5 flèches en nervures de feuilles de palmier pour les enfants.

G. Ornements de plumes que les Papous Arfaks se mettent sur la tête pour la danse.

N° 2.

A. 7 arcs en bois et en bambou.

B. 1 lance, pointe en fer, hampe ornée de plumes de casoar (Dorey).

C. 2 lances, pointes en os de casoar de la tribu anthropophage des Karons.

D. 1 lance pointe en os de porc, hampe barbelée (île Mafor).

E. 1 lance, pointe en os humain (Sorong).

F. 50 flèches différents modèles, pointes en bois, bambou et os.

G. 1 sac en sparterie.

H. 1 bambou ciselé de l'île Jobie.

N° 3. — *Dans la vitrine.*

A. Quatre photographies :

1° Maison papoue des montagnes ;
2° Village de Dorey bâti en mer sur pilotis ;
3° Rivière et village d'Andaï.
4° Maison papoue à Andaï.

B. Neuf types photographiés de la Nouvelle-Guinée :

1° Papous de la tribu des Wandamwens.
2° 3° et 4° Papous de la tribu anthropophage des Karons.
5° Guerrier arfak.
6° Papou de Dorey.
7° Papou de la tribu des Anosaomi.
8° 9° Femmes papoues de Dorey.

— 28 —

C. Boîte à deux compartiments en feuilles de pandanus.

D. 1 Oreiller en bois découpé.

E. 2 Haches en pierre et en coquille, aujourd'hui encore en usage à l'île d'Urville ou de Tarawai.

F. Figurine surmontant l'avant des pirogues.

G. 3 bracelets en sparterie.

H. Huître perlière se portant à la ceinture.

I. 2 cuillères en bois pour le sagou.

J. Gourde à chaux pour le bétel.

K. Bambous travaillés.

L. Figurine servant d'amulette et se portant au cou.

M. 4 bracelets en spire de coquille, en os, et en dents de porc.

N. Peigne des habitants de Dorey.

O. Figurine humaine. — Dorey.

Lorsqu'un homme vient à mourir, son fils sculpte une figurine en bois, qui a la prétention de représenter son père ; il la place réligieusement dans sa maison, où il l'invoque en toute circonstance, soit pour conjurer les malheurs dont il se voit menacé, soit pour obtenir les biens et les faveurs qu'il désire. Lorsque lui-même vient à mourir, son fils en fait autant, et ainsi de génération en génération ; mais les images des grands parents semblent avoir perdu, pour les enfants, toute leur valeur surnaturelle, car ils s'en défont assez volontiers.

P. Travail en sparterie.

Q. Collier en sparterie.

R. Os poli que les papous Arfaks se passent dans la cloison nasale.

S. Bague en écaille.

XXV. — M. Regamey (Félix).

N°s 1. Tableau à l'huile de 1m83 sur 1m25.

Conférences religieuses entre shisloïstes et boudhistes à Kioto.

2. Portrait de M. Ruchikouki, secrétaire général de l'instruction publique au Japon.

N° 3. Portrait de Maki-Moura, gouverneur de Kioto.

Pour le reste de l'exposition de la Mission, voir au Trocadéro, galeries ethnographiques.

XXVI. — Rivière (Émile-Valère). — Mission en Italie en 1871-1872, pour explorer les cavernes des Baoussé-Roussé, dites grottes de Menton.

N°s 1. Photographies représentant la vue des grottes et de squelettes humains, la faune et une série d'armes et d'instruments en os et en silex.
2. Échantillons de la faune des grottes et de l'industrie primitive de l'homme.

Le même. — Mission dans les Alpes-Maritimes en 1872-1873, pour étudier la paléontologie de ce département.

Objets exposés :

Collection de fossiles trouvés dans les argiles pliocènes (tertiaire supérieur) de Castel d'Appio et disposés sur 172 cartons numérotés.

Mission en Italie en 1877, avec M. Léon de Vesly comme adjoint, pour étudier les rochers gravés d'inscriptions préhistoriques des lacs des merveilles, dans la province de Coni.

Objets exposés :

1° Fac-simile desdites inscriptions moulés sur estampages.
2° Carte topographique du val d'Enfer.
3° Vue panoramique.

XXVII. — Rossigneux. — (Voir Sainte-Marie).

XXVIII. — Roudaire (Élie), chef d'escadron d'état-major. Mission en 1876, au sud de la Tunisie, pour étudier les chotts tunisiens.

1° Un plan relatif de la mer intérieure d'Algérie.

Les distances sont à l'échelle de $\frac{1}{100000}$ 1 centimètre représente un kilomètre. Les altitudes sont à l'échelle de $\frac{1}{10000}$ pour les seuils, le bassin inondable et le Sahara, et à l'échelle de $\frac{1}{20000}$ pour la région montagneuse.

Le niveau que les eaux occuperont lorsque les chotts auront été reliés à la mer est figuré dans le chott Melrir et dans le chott Rharsa par une glace, à travers laquelle on distingue les détails topographiques du fond du bassin. Chacun des paliers de 1 millimètre laissés à découvert au-dessous de cette glace représente une profondeur de 10 mètres.

Il n'y a pas de glace au-dessus du chott Djerid, mais ce chott ferait également partie de la mer intérieure, car il est occupé par une masse d'eau considérable qui s'écoulerait dans les chotts Rharsa et Melrir, lorsqu'il aura été mis en communication avec eux. Cette eau, aussi salée que celle de la mer, est recouverte d'une croûte composée de sel et de sable assez résistante en certains points pour supporter les hommes et les animaux, mais il est toujours dangereux de s'y aventurer, surtout en hiver. De nombreuses caravanes y ont été englouties. Sur la route del Meusof, qui est cependant une des plus sûres de celles qui traversent le chott, on rencontre fréquemment des crevasses béantes, qui laissent à découvert des abîmes insondables. Ces crevasses sont représentées sur le plan par des trous de forme irrégulière dont le fond est peint en bleu.

La mer intérieure aura une profondeur moyenne de 24 mètres et sera, par conséquent, accessible à tous les vaisseaux.

Les canaux à creuser pour cette mer, ou pour parler plus exactement, pour reconstituer l'ancienne baie de Triton, desséchée vers le commencement de l'ère chrétienne, sont indiqués par un double trait rouge.

Les dépenses d'exécution seront évaluées exactement, lorsque des sondages auront fait connaître la constitution des terrains dans lesquels il y a des terrassements à exécuter. Tout porte à croire qu'on ne trouvera que des sables, à travers lesquels la mer se chargera d'établir un large et profond canal dès qu'on lui aura ouvert le plus petit passage. La question sera prochainement élucidée, car les chambres viennent de voter les fonds nécessaires à l'exécution des sondages.

La mer intérieure deviendrait la grande voie commerciale de toutes les régions situées au sud de l'Atlas et de l'Aurès. Elle modifierait profondément le climat de l'Algérie et de la Tunisie. Ces contrées, désolées aujourd'hui par la sécheresse, retrouveraient la richesse et la fertilité proverbiales qui, du temps des Romains, à l'époque où les chotts étaient pleins d'eau, l'avaient fait désigner sous le nom de grenier de Rome.

On se rendra facilement compte de l'action que la nouvelle mer exercerait sur le climat de l'Algérie et de la Tunisie, en remarquant que l'évaporation lui enlèverait 39 millions de mètres cubes (39 milliards de litres) en vingt-quatre heures. Cette masse d'eau énorme, transformée en vapeur, serait poussée vers le nord par les vents du sud, qui sont aujourd'hui si désastreux par suite de leur sécheresse et s'y résoudrait en pluie au contact des massifs montagneux de l'Atlas et de l'Aurès.

Le projet de mer intérieure a été soumis à l'Académie des sciences.

M. le général Favé, rapporteur de la commission chargée de l'étudier, a insisté avec chaleur sur l'influence heureuse que la submersion du bassin des chotts exercerait sur le climat de l'Algérie et de la Tunisie. Nous nous bornerons à citer les conclusions de son rapport :

« En résumé, l'eau ramenée par quelque moyen que ce soit dans les chotts qu'elle a autrefois remplis près du versant sud de l'Aurès, exercerait sans nul doute une très-favorable influence sur de vastes contrées actuellement presque désertes ; elle ferait pénétrer graduellement la civilisation européenne vers le centre d'un continent livré à la barbarie. » (Comptes rendus officiels de l'Académie des sciences, séance du 21 mai).

Ces conclusions ont été adoptées à l'unanimité par l'Académie des sciences.

Le plan relief a été construit géométriquement par la superposition de feuilles de carton découpées suivant les courbes équidistantes et recouvertes ensuite d'une couche de carton pâte. M. Roudaire a exécuté ce travail au moyen de ses travaux géodésiques et topographiques, et de ses nivellements géométriques, dont le développement dans le bassin des chotts atteint 1,150 kilomètres.

La précision mathématique de ces diverses opérations a été constatée par l'Académie des sciences (Comptes rendus de l'Académie des sciences, séance du 7 mai 1877).

Pour les détails du projet, voir le rapport de M. Roudaire au ministre de l'instruction publique.

XXIX. — Sainte-Marie (E. Pricot de). — Mission à Carthage, de 1874 à 1876. — But : Recherches archéologiques sur l'emplacement de Carthage.

Nº 1. Deux mille ex-voto trouvés entre la chapelle Saint-Louis et la mer, le long de la voie des tombeaux.

Ces ex-voto faisaient partie d'un mur, situé à une profondeur de 1 mètre à 3m50 au-dessous du sol, où ils étaient encastrés en guise de moellons.

Ils sont tous dédiés à la grande déesse de Carthage, *Tanit-pene-Baal* (Tanit, face de Baal), dont les Romains ont fait la *Virgo cœlestis*, et *Baal Hammon*, et permettent ainsi de déterminer à peu près l'emplacement du temple de la déesse.

On y voit des détails d'architecture, des symboles religieux et des animaux ou des objets divers, qui nous donnent une idée de ce que devaient être l'architecture, la religion et la civilisation de l'ancienne Carthage.

Ils sont antérieurs à la destruction de Carthage par les Romains, en 146 avant l'ère chrétienne.

Toutes ces stèles se trouvaient à bord du *Magenta* pour être ramenées en France, lorsqu'il sauta dans la rade de Toulon. Un certain nombre de pierres ont été détruites, presque toutes calcinées par l'explosion. Elles ont été retirées de la mer par les soins de M. l'amiral Roze. La collection complète se trouve aujourd'hui à la Bibliothèque nationale.

Elles ont été classées et décrites par M. Philippe Berger dans les ouvrages intitulés :

Rapport à M. l'administrateur général directeur de la Bibliothèque nationale, sur les ex-voto trouvés à Carthage par M. de Sainte-Marie. (Extraits des archives des missions scientifiques, IIIe série, tome IV.)

Les Ex-voto du temple de Tanit à Carthage, lettre à M. F. Lenormant par M. Philippe Berger. Paris, Maisonneuve, 1877, in-4.

Formule générale des ex-voto.

A Notre Dame Tanit face de Baal
et au seigneur Baal Hammon,
vœu fait par N. fils de N.
parce qu'ils ont entendu sa voix.
Qu'ils le bénissent.

Symboles principaux.

Le Disque de Vénus surmonté du croissant : Nos 3, 6, 21, 26, 32.

L'Image de Tanit (le cône sacré) : Nos 1, 10, 21, 22, 32, 36, 51.

Les Colombes : No 52.

La Main, symbole de la divinité mâle : Nos 2, 9, 6, 21, 36, etc.

Le Bélier, autre symbole de Baal Hammon : Nos 2, 18, 22, 32, 33, 34.

Le Caducée (arbre sacré) : Nos 10, 14, 21, 22, 34, 35, 36.

Détails d'architecture.

La forme générale est celle d'un rectangle, terminé par un fronton très-aigu, qui est accosté de deux antéfixes. Il est accompagné d'encadrements qui simulent le plus souvent une porte :

Colonnes : Nos 29, 53, 64, etc.
Chapiteaux : No 45.

Antéfixes : en forme d'oreilles n° 25 ; en forme de coquilles :
N°s 7, 8, etc., en forme de volutes : N°s 3, 5, 9, etc.

Rosaces : N°s 2, 4, 5, 6, 7, etc.

Lancéoles : N°s 5, 7, 8, 9, 39, etc.

Perles : N°s 17, 18, 21, etc.

Uræus (le disque solaire ailé) : N° 1.

Ondes : N°s 20, 34.

Objets divers :

Fleurs de lotus, n°s 11, 12, etc.

Palmiers, n°s 19, 20, 27, 46, 62, 66.

Poissons, n° 26.

Vases, n°s 13, 15.

Candélabre, n° 27.

Hachette, n° 58.

Charrue, n° 50.

Vaisseau, n° 30.

*Moulages dont les originaux font partie de l'Exposition
de géographie de la Bibliothèque nationale
(Ouverte tous les mardis, de 10 heures à 4 heures).*

A. Une bouche et deux oreilles.

B. Fragment : un homme nu monté sur un animal.

C. Une hachette entre deux puisettes.

D. Un génie ailé tenant le disque de Vénus dans un croissant.
Au-dessous, les deux colombes.

E. Taureau tombant.

F. Gouvernail.

G. Vases.

H. Dauphin.

I. Candélabre.

K. Chapiteau. Au-dessus, la main.

L. Vases.

M. Poisson.

N. Panoplie.

N° 2. Porte carthaginoise restaurée par M. Rossigneux, architecte, d'après les documents fournis par M. Philippe Berger.

La forme générale de la porte, les symboles et les sujets d'ornementation qui la recouvrent sont pris aux dessins des *ex-voto* rapportés par M. de Sainte-Marie.

Quelques-uns de ces dessins sont faits d'une façon assez rudimentaire, d'autres sont tracés au compas.

En relevant ces indications et en les généralisant, on arrive à retrouver un module qui est à peu de chose près celui de l'ancien art grec.

Il en est de même des différents détails d'architecture, antéfixes, frises, guirlandes, rosaces, colonnes, chapiteaux. Ils appartiennent pour la plupart à l'art grec, mais avec certaines particularités qui sont propres aux types que l'on ne rencontre que dans les îles et sur la côte d'Asie.

Les symboles sont exclusivement sémitiques.

Détails de la porte :

Fronton pyramidal aigu accosté de deux acrotères (Voir Fergusson : l'*Ancien temple de Jérusalem* et la porte des lions à Mycène, dans l'*Histoire générale de l'architecture de Ramée*, tome I, page 411.)

Le tympan du fronton est occupé par sept marches surmontées de la main entre deux colombes. La première marche est ondée de mer. (Voir n°s 2, 21, 36, 52, etc.).

Entre le fronton et l'ouverture de la porte : deux bandeaux séparés par un rang de perles (Voir n°s 17, 18, etc.).

Le bandeau supérieur est couvert d'ornements en forme de cœur (Voir n° 2).

Il porte au milieu l'image de Tanit (Voir n°s 10, 21, 22, etc.).

Le bandeau inférieur continue la rangée de rosaces (Voir n°s 2, 4, 5, 6, 7, etc.) qui couvre les deux montants de la porte.

Des deux côtés on voit le disque de Vénus et le croissant (Voir n°s 3, 6, 21, etc.); au milieu, une inscription dédicatoire.

L'inscription a été faite d'après les dédicaces des temples de Byblos, d'Oumm-el-Auamid, et de l'île de Gaulos, près de Malte.

Traduction :

Cette porte a été faite par le peuple français. Quant aux ex-voto consacrés à Tanit-Pène-Baal, ils ont été trouvés sur le sol de Carthage par M. de Sainte-Marie et alignés dans cette enceinte pour sa gloire. En l'année V de Mac-Mahon, suffète; grand maître de l'instruction Bardoux; chef des lettrés, de Watteville; préposés à l'organisation de ces galeries, Krantz, le sénateur, et Dietz et Georges Berger; architecte, Rossigneux.

N° 3. Plan des fouilles de M. de Sainte-Marie.

XXIX bis. — Savatier, médecin de la marine. — Mission sur les côtes de l'Amérique du Sud, 1877-1878.

Trente vases recueillis dans les mêmes fouilles, par M. le Dr Savatier, médecin-major de l'escadre du Pacifique.

XXX. Pierre Félix Stenfort. — Deux missions sur les côtes de l'Océan et de la Manche en 1874 et 1875.

1. Deux tableaux contenant 50 espèces d'algues marines, faisant partie d'une collection de 126 espèces décrites botaniquement dans un volume intitulé : *Les plus belles plantes de la mer*, publié avec le concours du ministère de l'instruction publique, à la suite de plusieurs missions.
Ce volume est accompagné de quelques plantes détachées complémentaires.

2. A la suite d'études et de recherches qui se continuent, et dont quelques résultats ont été soumis à l'appréciation de la Société industrielle de Rouen, M. Stenfort, par des réunions de plantes marines, a composé un apprêt qu'il appelle *Théo français*, pour les rouenneries, les lustrines et les soieries, et servant d'épaississant des couleurs pour l'impression de ces tissus.
Plusieurs qualités de cet apprêt sont exposées.

3. Plantes dont le mucus est employé pour l'hygiène et la pharmacie, pour des sirops, pour des gelées, pour des pastilles ; ces produits tirent plus particulièrement leur valeur des bromures et des iodures qu'ils contiennent.

4. Le mucus non coloré donne des feuilles d'apparence gélatineuse, d'une transparence plus grande que celle du papier à calquer, pouvant servir au même usage par l'encre grasse ; quand le calque est fait, on applique la feuille sur papier ou tissu léger, et il est très-résistant aux mains des architectes ou des conducteurs de travaux.
Appliqué sur un tissu métallique, ce mucus donne des feuilles pour lanternes de voitures, pour stores, résistant à la variation de la température et n'oxydant pas le métal.
Il emprisonne solidement toutes les couleurs, toutes les substances terreuses ou autres.
Coloré ou non coloré, le mucus peut être appliqué sur les tissus de soie de gaze, de tulle, de coton pour des usages très-variés et très-nombreux.
Des échantillons sont exposés.

5. Il emmagasine les substances médicamenteuses qu'on veut lui confier pour les appliquer à des usages externes.

XXXI. — Ujfalvy de Mezœ Kœvesd (Charles Eugène de). — Mission en Russie, en Sibérie et en Asie Centrale, pour y étudier la géographie, l'ethnographie, l'archéologie et la philologie en 1876 et 1877.

Nos 1. Carte du Turkestan avec l'itinéraire de M. et Mme de Ujfalvy.

2. Panoplie formée d'étoffes et de vêtements de Samarkand, Bohkara, Hissar, Kachghar, Khokand et Marghellane.

Première vitrine.

3. Photographies :
   a. Cuisinier usbeg.
   b. Famille tatare.
   c. Femmes Kirghises.

4. Bijoux en or, argent, etc. provenant de Khokand, Margellame, Osch, Andidjâne et Namangâne (Ferghanah).

Deuxième vitrine.

5. Photographies :
   a. Mosquée du Schah — Sindeh (Samarkand).
   b. Palais à Samarkand.
   c. Forteresse à Samarkand.
   d. Pont sur le Zerafchane (près de Samarkand).
   e. Kara-Kalpaks (près de Samarkand).

6. Bronzes et cloisonnés de Kouldja et Kachghar (Asie centrale).

7. Brique de la mosquée doungâne de Kouldja.

8. Instrument de musique de Kouldja.

9. Thé en brique de Tchin-tchi-go-dsi (district de Kouldja, Asie centrale).

10. Harnais de cheval avec incrustations en argent de Tachkend (Turkestan).

Troisième vitrine.

Nos 11. Photographies :

    a. Mosquée du Schir-Dar (Samarkand).
    b. Mosquée d'Ouloug-Beg (Samarkand).

12. Fragment de la pierre qui supporte le tombeau de Tamerlan.

13. Bombe à feu grégeois, lampe et fragments de briques émaillées trouvées à Aphrosiab, près Samarkand.

14. Fragments de briques émaillées du palais de Khilvat-Khané (près de Samarkand).

15. Fragments de briques émaillées provenant du Gour-Emir (tombeau de Tamerlan), (Samarkand).

16. Fragments de briques émaillées provenant de la Mosquée du Schah-Sindeh, (Samarkand).

17. Fragments de briques émaillées provenant des mosquées du Schir Dar et d'Ouloug Beg et de la médréssée Tillah-Carri.

Quatrième vitrine.

18. Photographies :

    a. Vierge des catholiques chinois en bronze (l'original se trouve au muséum ethnographique de Tachkend, Turkestan).
    b. Vierge des catholiques chinois en porcelaine (l'original se trouve au muséum ethnographique de Tachkend) Turkestan).

19. Porcelaines, jades, idoles boudhiques, etc., provenant de Kouldja et Kachghar (Asie centrale).

20. Fragment d'un temple boudhique, trouvé dans les ruines de Tchimpansi (distr. de Kouldja, Asie centrale).

Cinquième vitrine.

21. Photographies :

    a. Mosquée du Shah-Sindeh (Samarkand).
    b. Mosquée du Gour-Emir (tombeau de Tamerlan, (Samarkand).
    c. Tombeau du géant Alphiosiab (près Samarkand).
    d. Deux chefs Khokandais (Ferghanah).

Nos 21 *bis*. Fragments de briques émaillées provenant du couvent de Khodja-Akhrar, près Samarkand.

22. Fragments de briques émaillées provenant de la mosquée Hazret à Turkestan (ville).

23. Fragments de poteries et pièces de monnaie, trouvés dans des fouilles faites à Djanekend, près Kazalinsk.

24. Fragments de poteries et pièces de monnaie trouvés dans des fouilles faites à Saourânc (Turkestan).

25. Fragments, poteries et pièces de monnaie, trouvés dans des fouilles faites à Koch-Mizguil (Turkestan)

Sixième vitrine.

26. Photographies :

    a. Sultan Kirghise.
    b. Persan de Khiva.
    c. Prêtre musulman.
    d. Khoudaïar, ex-khan du Khokand.

27. Objets en bronze et en fer trouvés dans les tombeaux à Kholopovitz, etc., près d'Elisavetino (non loin de Saint-Pétersbourg), ancien pays des Vôtes (Votskaïa piatina).

28. Objets en pierre et fragments de poteries trouvés près de Samarova, à l'endroit où l'Irtich se jette dans l'Obi (Sibérie occidentale).

29. Deux marteaux en pierre trouvés au sud-est d'Akmollinsk, près du lac Balkach (Sibérie occidentale).

30. Objets en bronze trouvés près de Sémipalatinsk (Sibérie occidentale).

31. Objets en bronze trouvés dans les monts Altaï (Sibérie occidentale).

32. Bijoux en argent trouvés dans des tombeaux près de Kasan (Russie d'Europe).

33. Moulages d'objets en bronze provenant de la Sibérie. (Les originaux se trouvent aux musées de Saint-Pétersbourg, Moscou, etc.

Septième vitrine.

Nos 34. Photographies :

    a. Ministres du Khan de Khiva.
    b. Place Bibi-Khanim, à Samarkand.
    c.   *Idem.*
    d. Porte de Tamerlan.
    e. Fort à Samarkand.

35. Moulages d'objets en pierre, bronze, etc., provenant de la Finlande, de la Russie et de la Sibérie. (Les originaux se trouvent aux musées de Helsingfors, de Saint-Pétersbourg et de Moscou.)

Huitième vitrine.

36. Photographies :

    a. Palais à Khokand (Ferghanah).
    b. Intérieur du même palais (*id.*).
    c. Le Khan de Khiva.
    d. Bazar à Samarkand (Turkestan).

37. Bois découpés, poudre jaune, soie imprimée et tibétéika (espèce de fez Marghellan, Ferganah).

38. Petites poches brodées en cuir, soie et velours (de Khokand et Marghellane, Ferghanah).

39. Glace Sarte (indigènes des villes du Turkestan).

40. Soies crues, étoffes en soie, en laine de chameaux, etc. de Marghellane, Khokand, etc. (Ferganah).

41. Ceinture avec boucles en argent massif, de Khokand (Ferghanah).

42. Broderies sur drap, faites à la main, de Marghellane, etc. (Ferganah).

Neuvième vitrine.

43. Photographies :

    a. Vue d'Omsk.
    b.   Idem.
    c. Tente Kirghise dans la steppe.
    d. Une famille de riches Kirghises.
    e. Idole kalmouque en pierre (original au musée de Tachkend).

Nos 44. Brique de la mosquée Khodjamné-khabri, à Namangane (Ferganah).

45. Brique provenant d'un tombeau près de Wadil (Ferghanah).

46. Pierre sainte provenant d'une petite mosquée située sur le chemin d'Ouroumitane à Wachane, dans la vallée supérieure du Zérafchane (Turkestan).

47. Objets trouvés dans le lac Issik-Koul (Sémirétché, Turkestan).

48. Échantillons de marbres (Kachghar, Asie centrale).

49. Modèle de charrue des *Galtcha*, vallée supérieure du Zérafchane (Turkestan).

50. Modèle de charrette avec roues à dix-huit rayons, Kouldja (Asie centrale).

51. Coupe en agalmatholite de Wiérnoié (Sémirétché, Turkestan).

52. Deux livres de prières kalmouques (Sémirétché, Turkestan).

Dixième vitrine.

53. Photographies :

    a. Types ostiaques (Sibérie occidentale).
    b. Types bachkirs (Orenbourg).

54. Écheveau de fil d'Ortie, fuseaux et fusaillos, toile en fil d'Ortie (Ostiaques, Sibérie occidentale).

55. Sac en nageoires de cygne (Samoièdes, Sibérie occidentale).

56. Bijoux anciens (Russie d'Europe).

---

57. Aiguières de Samarkand, Khodjend et Khokand (Turkestan.

58. Armes du Khokand et flèches kalmouques, cuivres du Ferghanah.

Nos 59. Trompette de guerre du Khokand.

60. Objets trouvés dans le lac Issik-Koul (Sémirétché, Turkestan).

61. Instruments de musique (Turkestan).

62. Cavalier usbeg du Khokand (aujourd'hui province russe du Ferghanah).

63. Buste de femme kirghise, fait par M. Émile Soldi.

64. Buste de vieillard usbeg, par le même.

Le reste de l'exposition de M. de Ujfalvy se trouve au Trocadéro.

XXXII. — **Vélain (Charles)**. 1° Mission sur la côte septentrionale d'Afrique pour recherches géologiques, 1872-73.

Nos 1. Trois cartes géologiques du littoral de la province d'Oran.

2. Cartes géologiques des îles Zaffarines (Maroc) au $\frac{1}{15000}$.

3. *Idem* des environs de Nemours au $\frac{1}{10000}$.

4. *Idem* de l'île Rachgoün et de l'embouchure de la Tafna au $\frac{1}{10000}$.

5. *Idem* des îles Habibas au $\frac{1}{10000}$.

6. *Idem* des îles de la Galite (Tunisie) au $\frac{1}{10000}$.

— 2° Mission dans l'Océan indien à l'occasion de l'observation du passage de Vénus sur le soleil, aux îles Saint-Paul et Amsterdam, pour recherches géologiques, 1874-75.

N° 1. Un panneau renfermant :

a. 6 vues de l'île de la Réunion.

Cratère des Salazes. — Massif du piton des neiges. — Le Ciros Morne après l'éboulement. — Prismes de balsates sur la route de Salazie. — Massif du volcan actuel. — Escarpement de la rivière du mât.

b. Carte géologique de l'île de Nossi-bê au $\frac{1}{15000}$.

2 vues de Nossi-bê. La pointe du cratère. Le mouillage d'Hell-Ville.

c. Carte géologique de l'île Saint-Paul au $\frac{1}{10000}$.
Coupes géologiques. *Idem.*
2 vues de côté. *Idem.*

d. Carte géologique de l'île d'Amsterdam au $\frac{1}{20000}$.
Vue du sommet d'Amsterdam.

e. 2 cartes géologiques de la presqu'île d'Aden.

f. Etudes microscopiques des roches volcaniques.

1° Inclusions d'acide carbonique liquide dans un quartz de Nossi-bê.
2° Basalte à hypersthène de Nossi-bê.
3° Basalte à labrador de Cilaos. ⎫ Epreuves photo-
4° Lave basaltique d'Amsterdam. ⎬ graphiques
5° Granulite des îles Seychelles. ⎭ grossies 500 fois.

N° 2. Un panneau vitré renfermant 56 coupes microscopiques des roches volcaniques de quelques régions volcaniques de l'Océan indien.

1° *Presqu'île d'Aden:* — Rhyolithes, trachytes quartzifères obsidiennes, laves balsatiques.

2° *Ile de Nossi-Bé.* — Trachytes granitoïdes. Andésites à augite; obsidienne. Néphelinite. Laves basaltiques. Basalte à hyperstène. Grès volcaniques des cratères-lacs. Quartz à inclusions.

3° *Ile Saint-Paul.* Rhyolithes. Laves à anorthite dolérite. Laves basaltiques. Laves à labrador, etc., etc.

4° *Ile Amsterdam.* Dolérite. Laves basaltiques à labrador. Tuf à palagoriste. Laves à anorthite.

XXXIII. — Vesly (De), adjoint à la mission de M. Rivière (voir ce nom).

Vue du Val d'Enfer (aquarelle), 1877.
Lacs des merveilles à $\frac{1}{2500}$ (plan topographique).
Route de Nice à Coni à $\frac{1}{100}$ (plan topographique).

XXXIV. — Viollet (Paul). Mission ayant pour objet la collation dans les bibliothèques de France et d'Europe des différents manuscrits des *établissements* de Saint-Louis.

Une feuille de texte comme spécimen du travail.

XXXV. — Wiener (Charles). — Exploration archéolgique du Pérou et de la Bolivie. Etudes topographiques dans les centres archéologiques. Etudes anthropologiques et ethnographiques. — (1875 à 1877).

N° 1. Fontaine monolithe de *Concacha* (voir la carte). Bloc de granit travaillé par les autochtones.

Représente une montagne de la Cordillère des Andes.
Les torrents et les cascades des Andes, les *acequias* (canaux d'irrigation) avec leurs prises d'eau, les bassins et réservoirs, les irrigations des versants et celles des plaines, s'y trouvent en creux. Les fortifications et un temple avec son escalier en haut-relief.
Les roches y paraissent sous les formes parfois fantastiques de *pumas* (lions des Andes), de crapauds, de grenouilles, de têtards, etc.
Fac-simile de grandeur naturelle en béton aggloméré reconstitué, d'après les estampages, poncifs, dessins cotes et coupes rapportés par M. Wiener et un dessin d'ensemble datant de 1849, par M. E. Soldi.

N° 2. Portiques de Huanuco viejo (voir la carte). Le premier portique est orné d'une frise de la porte monolithe de Tiahuanaco.

Ces portiques amènent à la grande place sur laquelle se trouve le sanctuaire (terre-plein à un gradin).

N° 3. Tombeaux de Silustani (voir la carte), près de Juliaca, sur une presqu'île dans la lagune de Umayo, à 3,980 mètres au-dessus du niveau de la mer.

Sépulcres ayant contenu six momies au dire des habitants des ranchos voisins.
Appareil se rapprochant du cyclopéen — granit noirâtre. — Antérieur aux Incas, attribué à la race dite Aymara.

N° 4. Palais dit de l'Inca, à Tarmatambo, à une lieue au S.-S.-E. de la ville de Tarma (voir la carte).

Sur les hauteurs qui dominent le palais, une route (fortifiée sur un parcours d'un kilomètre et demi) commandée par des fortifications qui se trouvent à 210 mètres au-dessus du niveau de la route et à une distance de 450 mètres.
Appareil grossier en schiste ardoisier peu travaillé, recouvert encore aujourd'hui en grande partie d'un stuc jaunâtre.

N° 5. Panoplie présentant le contenu d'un tombeau antérieur à la conquête.

    A. Momie d'homme accroupie.
    B. Chemisette.
    C. Poncho (vêtement indien adopté aujourd'hui dans toute l'Amérique méridionale).
    D. Bandeaux portés autour des reins.
    E. Sacoches contenant des pierres de fronde.
    F. Sacoches contenant de la *coca*.
    G. Sachets sacrés.
    H. Coiffure (espèce de turban surmonté d'un bonnet et entouré de deux frondes).
    I. Premier linceul.
    K. Second linceul (tissu plus élégant).
    L. Idole et Llama (dieu lare) se trouvant entre le premier et le second linceul.
    M. Troisième linceul (tissu plus élégant que le précédent).
    N. Provisions de laines, de coca, de vanille, de maïs, de chaux et de feuilles de matico, se trouvant entre le second et le troisième linceul.
    O. Quatrième linceul entouré d'un filet (tissu très-résistant).
    P. Inscription se trouvant sur un tissu de coton entre le quatrième linceul et le filet.
    Q. Tête postiche surmontant la momie dans ses linceuls (coussin rembourré d'algues sèches).
    R. Panier de travail trouvé sous la momie contenant :

        a. De petites idoles.
        b. Des fuseaux.
        c. Des pots remplis de fard.
        d. Différents instruments du tisserand.
        e. Du coton non préparé.
        f. Du coton filé.
        g. Des spécimens de tissus.
        h. Des métiers commencés.

  i. Des colliers, des bagues, des épiloirs.

  j. Des coquillages.

 S. Des armes de combat, des assommoirs en bois, en cuivre et en pierre.

 T. Des armes de parade en bois sculpté, et d'autres ornées de tissus aux vives couleurs.

 U. Des poteries de cuisine remplies de provisions (du maïs rôti), des *frejoles* (haricots), du pain de maïs.

 V. Le *tinajon* (jarre) ayant contenu la bière de maïs appelée *chicha*.

 X. La céramique artistique :

  a. Vase. Décor, un singe accroupi.

  b. Vase. Décor, une chauve-souris accroupie.

  d. Maté avec gravures.

N°s 6. *a.* Coupe du tombeau et vue du contenu tel qu'il a été trouvé par M. Wiener dans la hacienda de Paramonga près *Supe* (propriétaire M. Enrique Canaval), dans une fouille exécutée le 5 juin 1876.

  b. Tombeau dans les pans de la Cordillère, à quatre lieues au sud du Cuzco (Pisacc).

 7. Panoplie d'armes et de vêtements des tribus *Piros* sur le Vilcamayo, près l'endroit où il prend le nom de Ucayali. (Voir la carte.)

 A. Arc et flèches de combat.

 B. Arc et flèches de chasse.

 C. Flèches pour la pêche.

 D. Collier de femme orné de peaux d'oiseau.

 E. *Taparabo* de femme (vêtement porté autour des reins).

 F. Chemise d'homme.

 G. Panier en feuilles sèches de bananier.

 H. Écorce de fruit servant à contenir l'*ajiaco* (piments fermentés) et cuillère.

 I. Gibecière.

 K. Crânes de Piros.

Nᵒˢ 8. Panoplie présentant l'outillage du tisserand et ses idoles.

9. Quatre panoplies présentant le contenu de paniers à ouvrage trouvées avec les momies. (A, B, C, D.)

10. Carte du Pérou et du nord de la Bolivie, avec indication de l'itinéraire de l'explorateur.

11. Carte avec l'itinéraire du voyageur au Brésil.

12. Carte avec l'itinéraire du voyageur au Chili.

13. Habitation de l'Indien des hauts plateaux du Cuzco.

14. Habitation du *Chuncho* (sauvage) de l'Ucayali.

15. Mannequin : Indien du Pérou (avant la conquête), habillement authentique trouvé dans les sépulcres de Tambuinga.

16. Mannequin : Indien des vallées de l'Ucayali (vêtement authentique).

17. Buste de femme de Puno (draperie faite des vêtements d'une indigène).

18. Buste d'homme du Cuzco (draperie idem).

19. Gradin contenant :

    1. Céramique.
    2. L'orfévrerie.
    3. La sculpture sur pierre.
    4. La sculpture sur bois.
    5. La sculpture sur os.
    6. Des tissus en coton, en laine, en plume, en paille.
    7. Des vêtements.
    8. Des frondes, sacoches pour pierres de frondes, etc.
    9. Des filets.
    10. Des spécimens de céramique ;
    11. Des spécimens d'orfévrerie ;
    12. Des spécimens de sculpture sur pierre ;
    13. Des spécimens de sculpture sur bois ;
    14. Des spécimens de sculpture sur os, sur nacre, etc.

Céramique. — Les pâtes et les patines sont très-diverses. Depuis la pâte lourde d'Ancon jusqu'à la pâte la plus fine de Trujillo et du Cuzco, depuis l'absence complète de patine jusqu'à la patine élégante d'un mât discret des vases trouvés dans les grottes du Sacsaihuaman.

Souvent les pâtes contiennent du mica, souvent aussi, surtout dans la céramique de Trujillo, elles contiennent des paillettes d'or, preuve que l'argile a été retirée du Rio de Moche, torrent aurifère.

La coloration des pâtes est obtenue de façons très-diverses. La pâte noire contient généralement du graphite, parfois de la poudre d'ardoise.

Souvent le céramiste péruvien s'est contenté de peindre le vase à moitié cuit avec une solution de terre de couleur, et de remettre l'objet au four où la couleur formait bientôt une couche indélébile entourant le vase d'une sorte de pelure étroitement adhérente.

Quant aux formes que le céramiste a su donner à ses œuvres, nous en avons exposé de très-variées. Depuis le vase qui, dans la simplicité est l'imitation exacte du *maté*, cucurbitacé dont l'écorce sert naturellement de vase, (n° 700 à 715) jusqu'au vase du Sacsaihuaman du Cuzco de forme étrusque qui couronne les gradins (875) et dont l'élégance ne provient plus de l'imitation servile de la nature, mais d'une conception artistique.

Entre ces deux objets, on observera des vases représentant des fruits (730), des mollusques (745), des crustacés (763), des oiseaux (910-935), des quadrupèdes (960 à 1015), surtout le *lama* (1021 à 1030), des singes (817 à 823), des hommes et des femmes (830 à 841) et comme l'expression la plus complète de cet art des têtes humaines (900 à 909),

Citons la série des *silvadores* (683 à 697), vases communiquants à sifflets et qui, lorsqu'on verse l'eau qu'ils contiennent produisent un bruit se rapprochant selon le sujet qu'ils représentent, du cri de l'homme, du singe, du perroquet, etc.

Ces objets appartiennent à des époques très-diverses qu'il est impossible de déterminer d'une façon absolue. Cependant il paraît hors de doute que les objets de Tiahuanaco appartiennent aux plus anciens, comme ceux de Ancon appartiennent aux plus modernes. Parmi ces derniers, il y en a un assez grand nombre qui datent d'une époque postérieure à la conquête.

Orfévrerie. — Les Péruviens travaillaient l'or, l'argent, le cuivre et le bronze.

(1413 à 1417), trois vases en or (1419 et 1420), deux bracelets dans le même métal exposés dans cette vitrine montrent l'art exquis avec lequel ces hommes savaient laminer et repousser le métal précieux.

(1423-24), deux vases en argent (1437), vase en cuivre de même que les deux diadèmes sont des spécimens très-remarquables de cet art.

Ces derniers sont recouverts de rangs de paillettes d'une grande finesse attachés au bandeau par un fil d'argent des plus minces.

Les idoles en argent, en cuivre et en bronze sont fondues et généralement massives.

L'idole du milieu, trouvée dans une grotte de Saint-Sébastien, au-dessous des ruines de Qquencco près du Cuzco, est une des pièces les plus curieuses de ce genre.

Parmi les instruments dits : *topos*, il y en a un qui offre un spécimen d'une sorte de damasquinage. Dans la masse de cuivre jaune il y a des incrustations d'anneaux en cuivre rouge.

Sculpture sur pierre :

Nos 1. Armes, casse-têtes, pierres de fronde, projectiles avec lasso en cuir et en corde ;

2. Brûle-encens (lamas accroupis) ;

3. Mortiers depuis les plus petits, de 0m,04 de diamètre, jusqu'aux plus grands, mesurant 0m,45.

Ces derniers ont des anses ornées de pumas (lions sans crinière de la Cordillère), de singes, de têtes humaines, de lézards.

Le marbre, le granit, les basaltes noires, la serpentine verdâtre, ont servi au sculpteur indigène, pour la confection de son œuvre.

Sculpture sur bois :

Nos 1. Fuseaux et Fusayolles.

2. Armes, sabres, assommoirs, cannes. Le pommeau d'une de ces cannes représente un singe, celui d'une autre un homme, d'une troisième un homme accroupi (cette dernière est tenue par l'Indien placé sous la porte de Huanuco à la droite du spectateur).

3. Idoles depuis 10 centimètres jusqu'à 65.

4. Une coupe en bois, dessins taillés à une profondeur de 0,0015. — Remplis de couleurs laque jaune, rouge et verte.

5. Deux plateaux, dont un soutenu par deux pumas, lions de la Cordillère.

Poupée habillée et portant perruque.

Sculpture sur os.

a. Grains de colliers.

b. Flûtes fabriquées avec des tibias humains.

Spécimens de gravure sur l'écorce du fruit *mate* et un spécimen d'incrustation de nàcre dans l'écorce de noix de coco.

Tissus :

N⁰ˢ 1. Linceuls attachés au-dessus de l'espace mural occupé par cette mission.

2. Têtes postiches (matelas remplis d'algues marines).

3. Tissus rangés sur les quatre panneaux du gradin.

Premier panneau.

Métier avec tissu non terminé.
Tissu blanc à mailles très-lâches.
Tissu rayé id.
Tissu d'une seule couleur à trame très-solide (chemise).
Tissus avec dessins simples, Méandres, etc. (Poncho).
Tissus à dessins d'oiseaux et d'hommes.
Tissus peints. Etoffes brodées.
Filets en corde.
Mousseline — coiffure en plumes — sacoches.
Frondes.
Espèce de velours en poil de vigogne.

Ce panneau contient l'ensemble d'un vêtement.

Second panneau, idem.

Troisième panneau.

Carrés d'étoffe blanche trouvés sur la poitrine des momies. Ces étoffes sont couvertes de dessins noirs bleus et rouges grossièrement peints.

Spécimens de franges, de bordures, de milieu de frondes, etc.

Quatrième panneau.

a) Etoffe d'Ancon (dessins semblables aux cachemires.)
b) Etoffe de Paramonga.

c) Coiffure de Trujillo (plumes).

d) Etoffes de Chancay (dessins grossiers).

e) Étoffes de Viru (les dessins représentent des hommes).

f) Étoffes de Santa (trame semblable à celle des tissus d'Ancon).

Douze albums de voyage, (communiqués sur demande).

Nos 1. Cartes topographiques plans de villes et de palais provenant d'indigènes, 40 planches.

2. Album de voyage, depuis la province de Sainte-Catherine du Brésil jusqu'à Cabana (département d'Ancachs).

3. Album de voyage, depuis Huandoval (département d'Ancachs), jusqu'à Concacha (département de l'Apurimac).

4. Album de voyage, le Cuzco et ses environs : Limatambo Ollantaïtambo Pisacc près Tarai.

5. Photographies : Lisbonne, Bahia, le Callao, Lima.

6. Vues de la Cordillère entre Lima et Tarma (chemin de fer de la Oroya).

7. De Cajamarca à Aréquipa.

8. Le lac de Titacaca. La Paz, l'Illimani (ascension par M. Wiener du Pic de Paris, le 19 mai 1877).

9. Album ethnographique, 166 types. Nègres, Mulâtres, Zambos, Quarterones, Requinterones, Indiens, Cholos Métis, Chino-Cholos, Chunchos (Indio bravo), Péruviens blancs.

10. Céramique (400 spécimens), orfévrerie, sculpture sur pierre.

Exploration de la province de Sainte-Catherine, par M. Ch. Wiener.

Collections américaines de S. M. l'Empereur du Brésil.

11. Tissus, sculpture sur bois et sur os vues de plusieurs ruines.

N° 12. Anthropologie et divers dessins formant un complément aux dessins contenus dans les autres albums.

Exploration du Cajon de las leñas au Chili.

Voir la suite de cette mission :

1. A l'exposition de la République du Pérou, dont la façade et l'ornementation intérieure se composent exclusivement d'éléments rapportés par M. Charles Wiener et qui contient six grandes vues, deux idoles de Tiahuanaco, la statue (par Soldi) d'un enfant indien ramené des hauts-plateaux de Vilque par le missionnaire scientifique.

2. A l'exposition de la République de Bolivie, dont la façade, dessinée et exécutée par M. Wiener constitue une sorte de synthèse de la civilisation de ces contrées. Elle se compose d'un soubassement en appareil cyclopéen avec une niche dans laquelle se trouve le fac-simile d'une tête colossale de *Collo-Collo*. Le premier étage consiste en une colonnade espagnole style du xvi° siècle. Souvent les Espagnols ont ainsi profité du travail des autochthones et la majeure partie du Cuzco peut servir de preuve à l'appui. Au fond du mur une vue du temple ancien et de la tour de Loreto de la Paz ; et pour animer cet ensemble : un domestique Indien et une créole, soit la civilisation espagnole s'établissant sur les ruines des civilisations indigènes Le culte catholique s'élevant à côté des croyances indiennes, et la race indigène devenant servante de la race conquérante.

3. A l'exposition du Trocadéro.

Collection de céramique.

4. A l'exposition des sciences anthropologiques (quai de Billy et rue Beethoven).

　A. Cinq tombeaux reconstitués.

　　a. Tombeau de Chancay, sépulture souterraine de famille (contenant quatre momies et tous les objets qui accompagnent les momies dans la tombe).

　　b. Tombeau de Sipa (centre du Pérou, Entre-Cordillère, département d'Ancachs), contenant deux momies et les instruments de travail, armes, etc.

  c. Tombeau (réduction au dixième) d'une sépulture des hauts plateaux de Vilque (près Puno).

  d. Urne funéraire en serpentine verte (de Pasacanche près Sipa.

 B. Collection de quarante crânes.

4º Au muséum d'histoire naturelle se trouvent :

  a) 260 crânes dont 56 de l'intérieur du Pérou.

  b) Des spécimens de poissons, de reptiles et de fruits.

N. B. — Il se trouve au dépôt du ministère de l'instruction publique un millier d'objets provenant de cette mission; parmi ces derniers, une partie de la collection de M. Frédéric Quesnel de Lima. Une série de ces objets portant le nom du donateur, se trouve exposée avec la mission Wiener.

PUBLICATIONS DES MISSIONS SCIENTIFIQUES

1867-1878

Rapport au ministre de l'instruction publique et des beaux-arts sur le service des missions et voyages scientifiques, (année 1875). Paris, P. Dupont, 1876, in-8.

Rapport à M. Waddington, ministre de l'instruction publique et des beaux-arts pour le service des missions et voyages scientifiques en 1876, par M. le baron de Watteville. Paris, Imprimerie nat., 1877, in-8.

Notice sur le museum ethnographique des Missions scientifiques, rédigée par chacun des missionnaires scientifiques sur les objets qu'il a rapportés. Paris, 1878, in-8.

CATALOGUE ALPHABÉTIQUE DES NOMS D'AUTEURS[*]

André (Ed.). — La végétation du globe d'après sa disposition suivant les climats. — Par A. Grisebach, ouvrage traduit de l'allemand par P. de Tchihatchef (Annotations d'E. André). Paris, Guérin, 1875-1876, deux-in-4.

André (Ed.). — Articles publiés sur sa mission. (L'illustration agricole revue mensuelle des serres et des jardins). Gand, 1877, in-4.

André (Ed.). — Mission scientifique dans l'Amérique équinoxiale. Paris, (Le tour du monde), 1875-1876, in-4.

Armand-Dumaresq. — Rapport sur une mission dans l'Amérique du Nord. Paris, Imprimerie nationale, 1872, in-8.

Bayet. — Mémoire sur une mission au mont Athos. Paris, Thorin, 1876, in-8.

Bertrand (A.). — Archéologie celtique et gauloise. Paris, Didier, 1876, in-8.

[*] Ce catalogue ne comprend que les publications présentes sur les rayons et tenus à la disposition du public.

Bouchon-Brandely. — Rapport au ministre de l'inst. publique sur l'état de la pisciculture en France et dans les pays voisins. Paris, Wittersheim, 1873-1875, in-8. (Deux parties).

Bourgault-Ducoudray (L.-A.). — Etudes sur la musique ecclésiastique grecque. Mission musicale en Grèce et en Orient. Janvier-Mai, 1875. Paris, Hachette, 1877, in-8.

Bourgault-Ducoudray (L.-A.). — Trente mélodies populaires de Grèce et d'Orient. Paris, Lemoine, 187.., in-4.

Bourgault-Ducoudray (L.-A.). — Souvenirs d'une mission musicale en Grèce et en Orient. Paris, Hachette, 1878, in-8.

Buisson (F.). — Devoirs d'écoliers américains recueillis à l'Exposition de Philadelphie, 1876. Paris, Hachette, 1877, in-12.

— Rapport sur l'instruction primaire à l'Exposition universelle de Philadelphie en 1876. Paris (Imprimerie nationale), 1878, in-8.

Chervin aîné. — Statistique du bégaiement en France, d'après le nombre des conscrits bègues exemptés du service militaire de 1850 à 1869. Paris, 1878, in-8.

— Etudes statistiques sur le bégaiement en Italie. (Rapport manuscrit, in-4).

Corroyer (Ed.). — Description de l'abbaye du mont Saint-Michel et de ses abords. Paris, Dumoulin, 1877, in-8.

Demogeot (J.) et Montucci (H.). — De l'enseignement secondaire en Angleterre et en Écosse. Paris, Imprimerie nationale, 1868, in-8

— De l'enseignement supérieur en Angleterre et en Ecosse. Paris, Imprimerie nationale, 1870, in-8.

Doûmet-Adanson. — Rapport sur une mission scientifique en Tunisie. Paris, Imprimerie nationale, 1878, in-8.

Chatellier (Paul du). — Oppidum de Tronoen en Saint-Jean-Trolimon. Tours, Bouserez, 1877, in-8.

Favre (l'abbé P.). — Dictionnaire malais-français. Vienne, Imprimerie imp. et royale, 1875, deux in-8.

— Grammaire de la langue malaise. Vienne, Imprimerie imp. et royale, 1876, in-8.

Gournerie (de la). — Recherche de documents relatifs à l'expédition scientifique faite au Pérou de 1735 à 1743. Paris, Comptes rendus de l'Académie des sciences, 1877, in-8.

Graux (C.). — Anecdota hispaniensia : 1° Lettre inédite d'Harpocration à un empereur; 2° Chorikios. Eloge du duc Aratios; 3° Chorikios. Apologie des mimes (Revue de philologie). Paris, Klincksieck, 1878, in-8.

Hippeau (C.).—L'instruction publique aux États-Unis. Rapport au ministre de l'instruction publique. Paris, Didier, 1870, in-8,

Kleczkowski (le comte). Cours graduel et complet de chinois parlé et écrit. Paris, Maisonneuve, 1876, in-8.

Lecoy de la Marche (A.).— Le roi René, sa vie, son administration, ses travaux artistiques et littéraires. Paris, F. Didot, 1875, deux in-8.

Léger (Louis). — Le Monde slave, voyage et littérature. Paris, Didier, 1873, in-8.

— Rapport au ministre de l'instruction publique sur une mission scientifique près le Congrès archéologique de Kiev (extrait des Archives des missions scientifiques et littéraires), 1874, in-8.

— Études slaves, voyages et littérature. Paris, Leroux, 1875, in-8.

— Grammaire française-russe. 4ᵉ édition. Paris, Maisonneuve, 1878, in-8.

Linas (C. de).— Les Œuvres de saint Éloi et la verroterie cloisonnée. Paris, Didier, 1864, in-8.

Jaccoud (le doct). — De l'organisation des facultés de médecine en Allemagne, rapport présenté au ministre de l'instruction publique le 6 octobre 1863. Paris, Delahaye, 1864, in-8.

Luce (Siméon). — Chroniques de J. Froissart, publiées pour la société de l'histoire de France. Paris, Renouard, 1869, sept in-8.

Luzel (F.-M.). — Sainte-Tryphine et le roi Arthur. Traduction d'un mystère breton. Quimperlé, Clairet, 1863. in-8.
— Chants populaires de la Basse-Bretagne. Lorient, Corfmat, 1868, deux in-8.

Mouton. — Recueil d'articles de journaux sur sa mission en Suède et Norwége, in-4.

Perrens (F.-T.). — Histoire de Florence. Paris, Hachette, 1877, trois in-8.

Perrot (Georges). — Mémoires d'archéologie, d'épigraphie, et d'histoire. Paris, Didier, 1875, in-8.

Petitot (le R. P. E.). —'Vocabulaire français-esquimau, dialecte des Tchiglit. Paris, Leroux, 1876, in-4.

Pietra santa (le Dr Prosper de). — Du climat d'Alger dans les affections chroniques de la poitrine, 2e éd. Paris, J.-B. Baillière, 1860, in-8.

— Les climats du midi de la France. Paris, J.-B. Baillière, 1862, in-12.

— La Corse et la station d'Ajaccio. Paris, J.-B. Baillière, 1864, in-8.

— Rapports sur le congrès médical de Turin. Paris, 1877, deux in-8.

Pinart (A.-L.). — La Caverne d'Aknanh, île d'Ounga, archipel Shumagin, Alaska. Paris, Leroux, 1875, in-fol.

— Voyages à la côte nord-ouest de l'Amérique en 1870-72. Paris, Leroux, 1875, in-fol.

Pradier (J.). — Notes artistiques sur Alger. Tours, Ladevèze, 1876, in-12.

Raffray (A.). — Abyssinie. Paris, Plon, 1876, in-12.

Rayet (G.). — Rapport sur une mission astronomique en Italie. Paris, Impr. nat., 1876, in-8 (4734).

Revillout (E.). — Vie et sentences de Secundus, d'après divers manuscrits orientaux. Paris, Imprimerie nationale, 1873, in-8.

— Le Concile de Nicée d'après les textes coptes. Paris, Impr. nationale, 1873, in-8.

— Le Concile de Nicée et le concile d'Alexandrie. Paris, Palmé, 1874, in-8.

— Mémoire sur les Blemmyes, à propos d'une inscription copte trouvée à Deudur. Paris, Imprimerie nationale, 1874, in-4.

— Apogryphes coptes du Nouveau Testament. Textes. Paris, F. Vieweg, 1876, in-4.

— Rapport sur une mission en Italie. Paris, Imprimerie nationale, 1878, in-8.

— Lettre sur les contrats de mariage égyptiens.

Rivière (Emile). — Sur le squelette humain trouvé dans les cavernes des Baoussé-Roussé (Italie) dites grottes de Menton. Recueil de rapports. Paris, 1871-1873. In-8.

— Découverte d'un squelette humain de l'époque paléolithique dans les cavernes des Baoussé-Roussé dites grottes de Menton. Paris, J.-B. Baillière, 1873, in-4.

— De l'antiquité de l'homme dans les Alpes-Maritimes. Paris, J.-B. Baillière, 1878, deux in-4.

Roudaire (capit.). — Rapport à M. le ministre de l'instruction publique sur la mission des chotts. Etudes relatives au projet de mer intérieure. Paris, Impr. nat., 1877, in-8.

— Rapports sur les travaux géodésiques et topographiques exécutés en Algérie. (Extr. des comptes rendus des séances de l'académie des sciences), 1877, in-4.

Saulcy (de). — Numismatique de la Terre sainte. Paris, J. Rotshschild, 1874, in-4.

— Dictionnaire topographique abrégé de la Terre sainte. Paris, Vieweg, 1877, in-12.

Sayous (Ed.) prof. au lyc. Charlemagne. — Histoire générale des Hongrois. Paris, Didier, 1876, deux in-8.

Siméon (R.). — Grammaire de la langue nahuatl ou mexicaine, composée en 1547, par le franciscain André de Olmos, annotée. Paris, Imprimerie nationale, 1875, in-8.

— Dictionnaire de la langue nahualt ou mexicaine. Paris, Imprimerie nationale, 1878, in-fol.

Stenfort (F.). — Les plus belles plantes de la mer, méthode à suivre dans la recherche et la récolte des algues. Description des familles et des espèces, avec spécimens de 50 algues naturelles. 2° tirage. Paris, J.-B. Baillière, 1877, in-8 (d. rel. en tissu formé d'algues marines.)

Tuetey (A.). — Les Ecorcheurs sous Charles VII. épisodes de l'histoire militaire de la France au xv° siècle. Montbéliard, Barbier, 1874; deux in-8.

Ujfalvy de Mezö-Kövesd (Ch.-E. de). — Les Migrations des peuples, et particulièrement celle des Touraniens. Paris, Maisonneuve, 1873, in-8.

Vélain (Ch.). — Mission scientifique en Algérie, 1873. Cartes géologiques, (neuf planches coloriées). Paris, minist. de la marine, 1878, in-plano.

Viollet (P.). — Les Sources des établissements de Saint-Louis, mémoire lu devant l'Académie des inscriptions (février-mars 1877). Paris, Champion, 1877, in-8.

Wescher (C.) et Foucart (P.). — Inscriptions recueillies à Delphes. Paris, F. Didot, 1863, in-8.

Wiener. — Exploration du Pérou et de la Bolivie. — Atlas

topographique et albums de Voyages. (Architecture, sculpture, céramique, orfévrerie, tissus, anthropologie, ethnographie). Douze in-fol., dessins, photographies et aquarelles, 1875-1877.

Zeller (B.). — Henri IV et Marie de Médicis, d'après des documents nouveaux tirés des archives de Florence et de Paris, 2me édition. Paris, Didier, 1877, in-16.

CATALOGUE

DE

L'EXPOSITION THÉATRALE

CATALOGUE

DE

L'EXPOSITION THÉATRALE

INTRODUCTION

Quand le rideau se lève sur une décoration théâtrale, le public, à l'aspect du tableau qui lui est présenté, reçoit une impression plus ou moins vive, sans avoir à se préoccuper des moyens par lesquels l'effet est produit ni des efforts qui ont concouru à le produire.

Ces efforts sont considérables; ces moyens sont très compliqués. Une décoration théâtrale, en effet, est une œuvre des plus complexes : l'auteur de l'ouvrage indique le lieu où se passe l'action, et les objets nécessaires à la mise en scène; le directeur du théâtre ajoute à ce programme tout ce que son goût et son expérience peuvent lui suggérer; le peintre décorateur réalise les conceptions de l'auteur et du directeur, et présente ses dessins; quand ils ont été acceptés, il donne les mesures au machiniste, chargé de la construction et qui doit livrer aux peintres les châssis et les toiles qui formeront la décoration.

Cela s'est fait ainsi à peu près de tout temps : M. Emile Picot, dans un travail récent (*Pierre Gringore et les comédiens italiens*), cite le passage suivant des registres de l'hôtel de ville de Paris à la date du lundi 5 décembre 1530. « Les ita-
« liens ont ce jourd'huy apporté au bureau... des pourtraits en
« papier pour les inventions des Mystères qu'ils seroient d'avis
« estre faits à l'entrée de la reine Eléonore... lesquels pour-
« traits ont esté vus par mes dits sieurs assemblez et leur a

« esté demandé quel prix ils voudroient avoir pour faire les
« dits mystères, etc.. »

C'est exactement ainsi qu'on procède aujourd'hui. Dans les théâtres où la décoration joue un rôle important, on ne se contente pas d'un dessin ; le décor, tel qu'il doit être construit, est exécuté en carton découpé et peint avec soin ; c'est ce que l'on appelle une *maquette*.

D'après cette maquette mise au carreau, l'artiste trace et peint son œuvre [1]. Tout ce qu'il faut d'entente de la perspective, d'études spéciales, de recherches patientes pour reproduire dans leurs proportions naturelles et avec leurs moindres détails, les paysages les plus divers, l'architecture de tous les temps et de tous les pays, on le comprend sans peine. La nécessité de faire se raccorder toutes les parties d'un tableau formé de morceaux séparés, et destiné à être vu de différents points d'une salle ; d'obtenir l'unité de ton en peignant côte à côte des surfaces et des reliefs qui doivent se confondre pour le spectateur ; enfin, de régler pour chaque partie de la décoration l'intensité de l'éclairage, tout cela constitue autant de difficultés dont les peintres de nos grands théâtres savent triompher à force de travail et de talent.

Depuis l'organisation des archives de l'Opéra, en 1864, les *maquettes* de chaque décoration y sont conservées. L'existence de cette collection a donné l'idée d'une exposition qui jusqu'ici n'avait pas encore été tentée. M. le baron O. de Watteville, directeur des sciences et des lettres au ministère de l'instruction publique, chargé d'organiser à l'Exposition universelle la partie relative aux divers services de ce ministère, a présenté au ministre le projet d'une exposition théâtrale en lui proposant de joindre aux dessins et aux maquettes des décors de l'Opéra d'autres pièces du même genre appartenant à d'autres théâtres, ainsi que des dessins relatifs au costume, et à la machinerie théâtrale, et enfin de reconstituer, d'après les documents les plus certains, plusieurs décorations des premiers opéras, des premières pièces de la Comédie Française et de l'Hôtel de Bourgogne, et même des mystères qui ont été l'origine de nos premières représentations théâtrales.

Une commission a été nommée par arrêté du 17 septembre 1877. Elle était composée de :

MM. :

Le baron de WATTEVILLE, directeur des sciences et des lettres, membre de la commission supérieure des expositions ; président ;

1. Voir la maquette du premier acte de *Guillaume Tell* (n° XXIV).

Armand-Dumaresq, peintre;

De Beauplan, sous-directeur des beaux-arts;

Berger, directeur des sections étrangères à l'Exposition universelle, professeur suppléant à l'École des beaux-arts;

Charmes, chef du cabinet du ministère de l'instruction publique.

Diéterle, peintre décorateur, directeur de la manufacture nationale de Beauvais;

Garnier (Charles), membre de l'Institut;

Halanzier, directeur de l'Opéra;

Nuitter, archiviste de l'Opéra;

Perrin (Emile), membre de l'Institut, administrateur général de la Comédie-Française;

De Watteville (Olivier), inspecteur des services administratifs au ministère de l'intérieur.

Dès les premières séances de la commission, M. Charles Garnier proposa que le théâtre antique fût représenté à l'Exposition théâtrale, et cette proposition ayant été accueillie, M. Charles Garnier demanda que M. Heuzey lui fût adjoint et pût l'aider de ses connaissances archéologiques.

La commission décida que toutes les reproductions seraient faites à une même échelle, afin que les dimensions des diverses salles de spectacle fussent mieux saisies par le public. Les maquettes déjà construites du nouvel Opéra étant à l'échelle de 3 centimètres pour mètre, les mêmes proportions furent adoptées pour toutes les maquettes à construire.

M. Halanzier fut chargé de tout ce qui concernait le choix et la mise en état des maquettes de décorations du nouvel Opéra exécutées sous sa direction.

M. Perrin fut chargé de diriger le travail de reconstitution des anciennes décorations tant de l'Opéra que de l'hôtel de Bourgogne et de la Comédie-Française, et, en outre, du mystère de Valenciennes.

MM. Ch. Garnier et Heuzey furent chargés de reconstituer le théâtre antique.

THÉATRE ANTIQUE

Devrait-on reproduire un théâtre grec ou romain? Parmi les théâtres qui subsistent encore en partie, lequel devait être choisi?

On a donné la préférence au théâtre d'Orange, d'abord parce qu'il est situé en France, ensuite parce que Caristie a publié un travail très-consciencieux et très-complet sur la restauration de ce théâtre, et que le temps manquait pour faire des études approfondies sur d'autres scènes antiques.

M. Heuzey a bien voulu joindre aux n°s I à VII du catalogue, un historique et des notes que l'on lira avec le plus vif intérêt.

MYSTÈRE DE VALENCIENNNES

On connaît trois copies de ce mystère : l'exemplaire de la Bibliothèque nationale (Fr. 12536); celui de la bibliothèque de Valenciennes (n° 527), et enfin, un très-bel exemplaire appartenant à Mme la marquise de la Coste, qui a bien voulu avoir l'extrême obligeance de le prêter au ministère de l'instruction publique pour l'exposition théâtrale.

Chacun de ces exemplaires est orné au commencement d'une grande gouache très-finement exécutée et représentant « le téatre ou hourdement pourtraict comme il estoit quand fut ioué le mystère de la Passion nostre S^{gr} Iesus-Christ. a° 1547. »

Ce type fut choisi comme un de ceux dont la reproduction pouvait offrir le plus d'exactitude. La hauteur des sièges et des marches a permis d'établir approximativement les dimensions de l'ensemble et de les reproduire à l'échelle adoptée de 3 centimètres pour mètre.

M. Marius Sepet, qui a publié plusieurs travaux justement remarqués sur les mystères, a été adjoint à la sous-commission pour ce qui concernait le mystère de Valenciennes.

Pour faire connaître les circonstances relatives à la représentation de ce mystère, nous ne pouvons mieux faire que d'extraire les détails suivants d'une lettre adressée à M. le directeur des sciences et lettres, président de la commission chargée d'organiser l'exposition théâtrale, par M. Dehaisnes, archiviste du Nord.

Le mystère de la vie, passion, mort, résurrection et ascension de Jésus-Christ, a été représenté à Valenciennes en 1547, au logis de Philippe de Croy, duc d'Arschot, grand bailli du Hainaut, devant l'église Saint-Nicolas. Les mots : *au logis de Philippe de Croy*, semblent indiquer que ce fut au logis même de ce grand bailli qu'eut lieu la représentation. Toutefois, les différents manuscrits ne fournissent aucun renseignement sur l'emplacement, l'orientation, les dimensions et la construction du théâtre. Les comptes de la ville de Valenciennes qui manquent pour l'année 1547, n'auraient pu fournir d'ailleurs aucun renseignement, puisque les *hourdements, accoustrements et autres ustensils* furent achetés aux frais des acteurs, qui formaient une association. Les frais montèrent à 4,179 livres, 4 sous, 9 deniers; les vingt-cinq jours de représentation produisirent une recette de 4,680 liv. 14 s. 6 d. Les spectateurs payaient 6 deniers pour monter sur un hourdement qui avait été érigé. Les échafaudages, costumes et machines furent vendus après la représentation pour la somme de 728 liv. 12 s. 6 d. Les associés, au nombre de 65, se trouvèrent donc, en fin de compte, avoir gagné une somme de 1,230 liv. 2 s. 3 d., qui fut partagée entre eux.

Les manuscrits ont été enluminés par Hubert Cailliau, qui avait rempli plusieurs rôles dans le mystère. Il existe à la bibliothèque de Douai un nombre assez considérable de manuscrits enluminés par le même artiste.

Le manuscrit de Mme la marquise de la Coste contient, au commencement de chaque journée, une description des changements et machines que le rédacteur qualifie de « *beaux secrets.* » Nous en citerons quelques-uns dont l'indication complète l'œuvre du dessinateur et permet d'apprécier ce qu'étaient la mise en scène et la machinerie théâtrale à cette époque : « au Paradis un ray d'or derrière Dieu le père, tournant incessamment. En enfer, s'ouvrant le gouffre sortoit feu et fumée avec diables d'horribles formes, et Lucifer jectant feu et fumée par la gœulle..., à la nativité du Seigneur, les anges vollant en l'air et chantant et faisant grand splendeur de flambe au moien de quelque baston doré qu'ils tenoient en leurs mains en forme de lampe au boult, dont sortoit la dicte flambe soufflant quelque peu le dict baston. Item à l'occision des innocents on voyoit sortir le sang de leurs corps... Item aussy de Sathan qui porta Jésus rampant contre la muraille, bien quarante ou cinquante pieds de hault... Item aux nopces... où l'eau qu'on versa devant tous fut muée en vin et dont en burent plus de cent personnes des spectateurs, de même à la multiplication des pains on en donna à plus de mille personnes et en fut recueilli douze corbeilles pleines, etc. »

Ce luxe et cette complication de machines se retrouvent dans tous les mystères dont les frais étaient faits par de riches corporations ; le document le plus complet qui existe sur ce sujet est « *l'extrait des fainctes qu'il conviendra faire pour le mistère des Actes des Apostres.* » Ce mystère fut représenté à Bourges en avril 1536, dans l'ancien amphithéâtre Romain, qui ne fut comblé qu'au XVIIe siècle. La représentation dura quarante jours. (Mystère des actes des Apôtres, publié d'après le manuscrit original par le baron A. de Girardot. Paris, Didron, 1854, in-4.).

THÉATRE DE L'HOTEL DE BOURGOGNE

Parmi les manuscrits du fonds La Vallière, actuellement conservés à la Bibliothèque nationale, il en est un qui présente le plus vif intérêt au point de vue de l'histoire de notre ancien Théâtre-Français.

Il porte le titre suivant :

« Mémoire de plusieurs décorations qui servent aux pièces « contenus en ce présent livre, commencé par Laurent Mahe-« lot et continué par Michel Laurent en l'année 1673. » (Fr. 24,330).

Ce manuscrit contient dans sa première partie, la description des décors et la liste des accessoires de soixante et onze pièces de Hardy, de Rotrou, de du Ryer, de Scudery, de Corneille, de Benserade, etc.; c'est le répertoire de l'Hôtel de Bourgogne; c'est l'ancien théâtre français tel qu'il était avant les chefs-d'œuvre de Corneille, de Molière et de Racine.

Parmi ces 71 descriptions, 47 sont accompagnées de dessins représentant la décoration. Ces documents sont d'autant plus précieux que, parmi les pièces de cette époque, celles qui ont été imprimées ne contiennent aucune indication sur la mise en scène, et que cette mise en scène d'une nature toute spéciale peut seule faire comprendre ce qu'était la représentation des œuvres dramatiques au commencement du xviie siècle.

Pour la *Folie de Clidamant* de Hardy, par exemple, le théâtre représente à gauche un vaisseau d'où une femme doit se jeter dans la mer; plus loin l'entrée d'un palais; au fond, un beau palais avec un trône; à droite, une chambre qui s'ouvre et ferme avec un lit et des draps [1].

C'est ainsi que, sans changement à vue, et la scène représentant à la fois les lieux les plus divers, l'action pouvait se passer à gauche sur un vaisseau; à droite dans une chambre à coucher. Il suffisait pour cela que la scène fût jouée par les acteurs d'un côté ou d'un autre du théâtre.

Cette simultanéité de lieux qui, selon la remarque de M. E. Perrin, à une des séances de la commission, paraît procéder de la décoration des mystères, constitue une particularité de notre histoire théâtrale qui était à peu près oubliée. Tout cela devait disparaître avec la régularité de notre théâtre classique et les chefs-d'œuvre qui allaient bientôt l'illustrer. Est-ce ainsi que se représentaient les pièces espagnoles qui eurent alors tant d'influence sur notre littérature dramatique? Nous ne saurions le dire; Pellicer, dans son ouvrage intitulé : *Tra-*

---

1. *V. La Maquette du décor*, n° XIV.

tado historico sobre el origen y progresos de la comedia y del histrionismo en Espana[1], n'y fait aucune allusion et, chose assez singulière, les détails les plus précis qu'il donne sur les représentations dramatiques de son pays sont empruntés au récit d'un voyageur français, venu en Espagne en 1659, avec le maréchal de Grammont.

Quatre décorations ont été reconstituées d'après les dessins de Laurent Mahelot. Elles feront connaître mieux que toutes les descriptions une forme de l'art dramatique sur laquelle les historiens du théâtre ne nous ont donné aucun détail et qu'ils paraissent avoir volontairement laissée dans l'oubli, comme digne tout au plus de ces tragi-comédies auxquelles ils reprochent tous les défauts du style et le mépris de toutes les unités.

Le théâtre de l'Hôtel de Bourgogne était situé rue Mauconseil, sur un terrain faisant partie de l'ancien hôtel de Bourgogne. Dès 1548, les confrères de la Passion s'y étaient établis; plus tard, ils cédèrent leur privilége et leur hôtel à une troupe de comédiens, tout en se réservant la jouissance de deux loges. Après les comédiens français, ce théâtre fut occupé par les comédiens italiens, qui y donnèrent leurs représentations jusqu'en 1783.

Nous n'avons pu trouver ni aux archives nationales, ni à la Bibliothèque nationale ou à la bibliothèque de la ville de Paris, un plan du théâtre de l'hôtel de Bourgogne. Le seul document relatif à cette salle qui soit venu à notre connaissance est un plan gravé de la Comédie-Italienne, publié par Dumont, dans son *parallèle des plans des plus belles salles de spectacle d'Italie et de France.*

C'est d'après ce plan qu'ont été déterminées les dimensions de la salle de l'Hôtel de Bourgogne. Parfait, dans son *Histoire du Théâtre français* (tome I, p. 61), constate que ces bâtiments subsistaient en 1745, tels qu'ils avaient été construits; d'ailleurs l'exiguïté du terrain n'aurait permis que d'y apporter des modifications peu importantes.

THÉÂTRE DU PETIT-BOURBON.

Le théâtre du Petit-Bourbon était bâti sur le terrain où fut construite, plus tard la façade du Louvre, du côté de Saint-Germain l'Auxerrois. La salle avait dix-huit toises de long sur huit de large; à un des bouts de cette salle était élevé un théâtre de huit toises de largeur et d'autant de profondeur.

---

1. Madrid, 1804.

C'est sur ce théâtre que jouaient les comédiens français quand ils étaient mandés par le roi. Il fut donné aux comédiens italiens en 1653; plus tard la troupe de Molière y joua alternativement avec eux. Cette salle fut démolie en 1660 (Parfait *Histoire du théâtre français*, tome VIII, p. 239).

C'est sur le théâtre du Petit-Bourbon qu'une troupe italienne, mandée par Mazarin, représenta en 1645, la *Finta Pazza* dont les décorations étaient de Torelli. Ce n'était pas encore un opéra régulier, mais un mélange de chant, de danse et de comédie.

Les décorateurs français, tels que ceux qui travaillaient pour l'hôtel de Bourgogne, sont traités par les contemporains de barbouilleurs; les décorateurs italiens, au contraire étaient des artistes particulièrement habiles à exécuter les décors d'architecture.

Le décor de la *Finta Pazza* (n° XVIII) a été reconstitué d'après le dessin original faisant partie du *Recueil de décorations de théâtre formé par Levesque, garde général des magasins des menus plaisirs de la chambre du roy*, en 1752 (Archives nationales O^1 3238-3242).

TRÉATRE DE LA COMÉDIE-FRANÇAISE.

(*Salle de la rue Mazarine.*)

La Comédie-Française possède dans ses archives un document qui est à la fois très-précieux comme autographe et comme dessin relatif à l'art de la décoration.

C'est le projet d'un décor présenté par le peintre aux comédiens pour la reprise de *Psyché* qui eut lieu en 1685. Ce projet a été adopté et porte la mention suivante : *Paraphé; C. V. de la Grange, Raisin, G. Lecomte, Jouachin Pizzoli*. Ce dernier nom est celui du peintre.

M. Emile Perrin, administrateur général de la Comédie-Française, a bien voulu prêter ce dessin à l'exposition théâtrale où il figure sous le n° 16.

Une des particularités intéressantes de ce document, c'est qu'il porte à un de ses angles une échelle de toise. Cette échelle a permis de reconstituer la décoration dans des proportions semblables à celles des autres maquettes; elle donne en outre les dimensions exactes de la scène de la rue Mazarine, construite en 1671 pour l'Opéra, occupée depuis 1673 par les comédiens français, dimensions qu'aucun autre document n'avait permis jusqu'ici de déterminer avec précision.

THÉATRE DE L'ACADÉMIE ROYALE DE MUSIQUE.

(*Salle du Palais-Royal.*)

Ici les documents abondent. On possède les plans de la salle, soit gravés par Blondel, soit manuscrits aux archives nationales et à la Bibliothèque nationale. Un plan spécial de la scène, gravé comme cela se fait encore, pour le service journalier des décorateurs et du machiniste, existait, avant 1871, aux archives de la ville de Paris. Heureusement une copie en avait été prise et est conservée aux archives de l'Opéra.

Quant aux décorations, on peut dire que la collection complète, pour l'époque de Louis XIV, est contenue dans les volumes des archives nationales dont nous avons déjà parlé et dans un recueil appartenant à l'administration du Mobilier national; en outre les principaux décors des premiers opéras sont gravés avec soin en tête des éditions originales.

Lully dans les premières années de sa direction fit exécuter les décorations par Vigarani, avec qui il avait fait un traité. C'est cet artiste qui est l'auteur des décorations d'*Atys* (n° XIX) et de *Psyche* (n° XX). Les dessins originaux existent pour la première de ces décorations aux Archives nationales; pour la seconde au Mobilier national.

Parfait dans son *histoire de l'Académie Royale de Musique*. (Bibliothèque nationale. Manuscrits Fr. 12,355) nous apprend que, vers 1680, la société qui existait entre Lully et Vigarani, ayant cessé, « Berain, dessinateur ordinaire du cabinet « du Roy, qui travailloit depuis cinq ans les dessins des habits « de l'Académie fut choisi pour composer ceux des machines « et des décorations qui parurent alors avec un grand éclat. »

Le décor d'*Armide* (n° XXI) est de Berain, le dessin original existe dans le recueil des Archives nationales.

Les décorations de Berain, aussi bien que celles des décorateurs italiens qui l'avaient précédé, sont conçues d'après une perspective uniforme et régulière. Chaque plan diminue de grandeur et toutes les lignes aboutissent au centre du tableau.

Vers 1730, un décorateur célèbre, qui est en même temps un célèbre architecte, rompit avec ces traditions. Servandoni modifia complètement la construction, et ce qu'en terme de métier on appelle la *plantation* du décor. Voici ce que dit Parfait dans son histoire manuscrite de l'Académie Royale de musique, à propos du *Temple de Minerve* première décoration de *Thésée*, lors de la huitième reprise de cet opéra, le 28 novembre 1729 :

« La perspective sembloit avoir donné réellement à ce tem-
« ple une élévation extraordinaire, puisque malgré la petitesse
« du lieu, et, sans avoir dérangé aucune machine, les décora-
« tions étoient beaucoup plus hautes sur le fond du théâtre
« que sur le devant, chose qu'on n'avait point encore vue à
« l'opéra et qui fit un effet admirable, car, outre le dôme, on
« voyoit dans le fond deux ordres d'architecture, le tout ayant
« trente deux pieds de haut réels, qui paroissoient à la vue en
« avoir plus de soixante, au lieu que jusqu'alors aucune déco-
« ration n'avoit eu au plus que dix huit pieds de haut dans le
« fond. »

Il eut été très-désirable de faire figurer au nombre des maquettes exposées, une décoration de Servandoni; mais, malgré des recherches faites aux Archives, à la Bibliothèque nationale, à l'Arsenal, dans les collections de dessins du Louvre, dans les cabinets de plusieurs amateurs, il n'a pas été possible de retrouver un dessin de décor qui fut bien incontestablement de Servandoni. Le dessin (n° 8) est tout au moins de son école, mais on ne sait exactement ni quel en est l'auteur, ni pour quel ouvrage il a été fait, et la sous commission, fidèle à la loi qu'elle s'était imposée de n'opérer que d'après des documents certains, à dû renoncer avec regret à faire reconstituer un type de ce genre de décoration.

THÉATRE DE L'OPÉRA.

(Salle de la rue Richelieu).

Les plans de ce théâtre existent aux Archives nationales et aux archives de l'Opéra, qui possèdent également les inventaires détaillés des décorations. Il a donc été possible de reconstituer exactement le tableau final de l'opéra d'*Hécube*, d'après le dessin orignal de De Gotti (n° 30).

Au dos de ce dessin on lit : *Vû, bon pour être exécuté, ce 2 ventôse an VIII. Bonet.*

Cette signature est celle de Bonet de Treiches, alors directeur du théâtre de la République et des Arts (Opéra).

Avec le décor d'*Hécube* se termine la série des maquettes qui ont été spécialement reconstituées pour l'Exposition théâtrale. Ces maquettes ont été exécutées d'après les documents originaux, sous la direction et la surveillance de M. E. Perrin, par

MM. Duvignaud et Gabin, peintres de la Comédie-Française qui ont sû se tirer avec habileté d'une tâche difficile.

M. Diéterle, membre de la sous-commission, a pu fournir pour la reconstitution de ces anciens décors des renseignements d'autant plus précieux, qu'au début de sa carrière d'artiste il a eu l'occasion de se trouver en rapports avec des peintres ayant travaillé sous l'ancien régime et se souvenant des procédés employés alors par une école de décorateurs, qui n'avaient à leur disposition ni les moyens d'éclairage, ni même les couleurs dont on se sert maintenant, et qui pour l'entente de la perspective aérienne et l'exécution du paysage particulièrement, avaient conservé d'anciennes traditions.

NOUVEL OPÉRA.

Les maquettes exposées sous les n°s XXIV à XXXVII, sont celles-là même qui ont servi à la construction des décors. Elles font partie de la collection des maquettes qui, d'après l'article 38 de l'arrêté du 15 mai 1866, doivent être conservées aux archives de l'Opéra. Elles présentent des types divers de décorations sorties de chacun des cinq ateliers qui travaillent pour le théâtre de l'Opéra.

Il restait une dernière difficulté à surmonter pour exposer convenablement, dans un espace restreint, vingt-quatre maquettes ayant besoin d'être éclairées plus vigoureusement que la partie de la salle réservée au public, et de façon à ce que l'intensité de la lumière pût être modifiée pour chacune d'elles suivant l'effet que le décorateur s'était proposé de produire. M. Rossigneux, d'accord avec M. Charles Garnier, a su triompher de tous les obstacles et donner satisfaction aux légitimes exigences des artistes, dont les œuvres ne pouvaient être appréciées qu'à l'aide de divers artifices remplaçant les nombreux moyens d'éclairage dont on dispose sur un grand théâtre.

Une collection de dessins originaux de décors et de costumes, provenant des archives de l'Opéra et de la Comédie-Française, ou des collections de plusieurs amateurs qui ont eu l'obligeance de les prêter, complète, avec différents modèles relatifs à la machinerie l'exposition rétrospective et contemporaine des œuvres artistiques et des engins relatifs au théâtre.

CATALOGUE

PREMIÈRE PARTIE

MAQUETTES

I

THÉATRE ANTIQUE D'ORANGE.

Modèle en relief de la Scène du théatre romain d'Orange, d'après la restauration de l'architecte Caristie; réduction à l'échelle de 3 centimètres pour 1 mètre, exécutée par M. Darvant, sous la direction de MM. Ch. Garnier et Heuzey.

Pour donner une idée complète de l'histoire des représentations dramatiques en France, la *Commission* ne pouvait manquer de commencer par le théâtre romain, qui a laissé sur le sol de l'ancienne Gaule tant de ruines imposantes. Le théâtre de l'antique *Arausio*, dans la Gaule narbonaise, est certainement l'exemple le plus remarquable de ces grandes constructions dans notre pays. Ce qu'il présente surtout de très-rare, c'est que les murs de la scène y sont restés debout dans toute leur hauteur, jusqu'aux derniers couronnements; il est vrai qu'ils sont dépouillés des placages de marbre et des trois étages de colonnes qui les décoraient; mais les nombreux trous d'encastrement dont ils sont criblés ont permis à un architecte expérimenté de restituer presque à coup sûr toute cette décoration architecturale.

On est frappé tout d'abord des dimensions vraiment colossales de l'édifice, surtout quand on le compare aux maquettes des théâtres modernes, exposées dans la même salle et reproduites à la même échelle de 3 centimètres pour 1 mètre.

La scène du théâtre d'Orange a 61 mètres de largeur, 41 mètres de plus qu'à l'ancien théâtre de Bacchus à Athènes, et 45 mètres de plus qu'au nouvel Opéra de Paris. La construction d'un aussi vaste théâtre dans une ville qui ne comptait même pas parmi les premières de la Gaule, s'explique par le caractère des représentations théâtrales chez les anciens : on sait qu'elles n'étaient pas, comme chez nous, une distraction payante, ouverte chaque soir aux amateurs de l'art dramatique, mais qu'elles tenaient une place nécessaire dans les grandes solennités publiques et religieuses, qui réunissaient en plein jour, à des dates fixes, non-seulement la population urbaine, mais encore celle de toute la région environnante, comprise dans ce que l'on appelait alors la *cité*.

Par ses dispositions, la scène d'Orange s'écarte très-sensiblement de celles de la Grèce et de l'Asie-Mineure ; elle se rapproche au contraire des scènes antiques de l'Italie, et particulièrement de celle du grand théâtre de Pompéi. Elle offre de même une profondeur plus grande que dans les anciens théâtres grecs, et un hémicycle en retraite sur lequel s'ouvre la porte centrale. Cette profondeur, qui relativement n'approche pas encore de celle de nos grandes scènes modernes, était devenue nécessaire à l'époque romaine, depuis que le chœur ne faisait plus ses évolutions dans l'orchestre, mais entourait avec les musiciens les acteurs proprement dits.

Le théâtre d'Orange, comme celui d'Aspendos, en Lycie, a conservé aussi les traces d'un toit et d'un plafond de charpente qui couvraient la scène et rejetaient les eaux pluviales en dehors. Ce toit était cependant trop élevé pour protéger bien efficacement les acteurs ; mais il devait fournir pour la machinerie un point d'appui que les théâtres plus anciens ne connaissaient pas : il servait surtout à couronner dignement la décoration architecturale, qui, dans ces immenses théâtres, était combinée beaucoup plus, il faut le dire, pour l'harmonie générale de l'édifice que pour l'illusion scénique, dont les anciens se préoccupaient moins que nous.

Le déploiement du luxe architectural ne les empêchait pas, du reste, de se servir dans une certaine mesure de décors et de machines parfois assez compliqués ; mais l'emploi du décor reposait sur des conventions théâtrales très-différentes de nos habitudes, et qui risquent, par conséquent, de nous paraître choquantes et invraisemblables ; il en serait probablement de même de quelques-unes des nôtres aux yeux des anciens.

Il est certain que, dans beaucoup de pièces, quand il n'y avait pas à cela une invraisemblance trop forte, la décoration fixe de la scène, avec ses trois portes, était jugée suffisante. La porte du milieu, ou *porte royale*, représentait l'entrée du palais ou de la maison ; la porte de droite, le logement des hôtes ; celle de gauche avait des attributions plus variables et pouvait désigner, suivant les nécessités du drame, un sanctuaire, une prison ou tout autre lieu du voisinage. Dans les cas, relativement rares, où la décoration d'architecture ne pouvait servir, par exemple lorsqu'il fallait représenter le rocher de Prométhée ou la caverne de Philoctète, on y pourvoyait par quelques décors très-simples. Plusieurs de ces décors étaient même classés d'avance dans le matériel du théâtre, comme ceux que l'on appelait le *rocher*, la *tour*, le *rempart* : c'étaient évidemment des décors sur lesquels on pouvait monter à l'aide d'une échelle ou d'un plan incliné, comme ceux que l'on appelle aujourd'hui *praticables*. De la même espèce était la *distégie* ou *double étage*, que simulait une fenêtre ou une galerie du haut de laquelle on parlait, comme le balcon de *Don Juan*. C'est une grave erreur de croire que l'on se servît en pareil cas des énormes étages de la construction en pierre qui formait le fond de la scène. Tout au plus la grande niche qui en occupe le centre pouvait-elle être employée pour le *théologéion*, où les dieux se montraient comme du haut de l'Olympe. Ce n'est guère que dans les premiers théâtres en bois de peu d'élévation que l'on peut supposer une appropriation complète des constructions de la scène à la décoration théâtrale.

On ne peut douter non plus que ces décors primitifs ne se soient beaucoup développés à l'époque romaine et n'aient fini par produire, sous le nom de *scena ductilis*, tout un système de décoration mobile, analogue à nos décors à coulisses. La machinerie théâtrale n'emploie encore aujourd'hui qu'un petit nombre d'éléments très-simples, rainures, trappes, contre-poids, roulettes, treuils, poulies, cordages : il n'y a rien d'impossible à ce que les anciens ne les aient connus pour la plupart. Les Romains devaient arriver à produire des effets qui rappellent les changements de nos féeries, comme le prouve cette représentation du *Jugement de Pâris* dont parle Apulée, où l'on voyait le mont Ida, couvert de troupeaux et de forêts, jeter à la fin du spectacle, des gerbes de vin parfumé et s'effondrer ensuite tout entier pour disparaître sous la scène.

Cependant la décoration changeante, employée le plus ordinairement dans les théâtres antiques, était celle des fameux prismes tournants ou *périactes*, qui formaient ce que l'on nommait la *scena versilis*. Ils étaient placés près des deux grandes baies latérales, percées dans les ailes en retour d'angle ou *parascènes*. Ces deux entrées avaient aussi leur signification convenue : celle droite par rapport aux acteurs, donnait accès aux personnages qui venaient de l'intérieur de la ville, de la place publique ou du port; celle de gauche désignait ceux qui venaient de la campagne ou de l'étranger. On remarquera que ces directions étaient rigoureusement exactes pour l'ancien théâtre de Bacchus, adossé à la citadelle d'Athènes; elles devinrent traditionnelles pour les autres théâtres, construits sur le même modèle. C'est ainsi que dans l'usage journalier des machinistes français, les deux côtés de la scène sont encore distingués sous les noms de *côté de la cour* et *côté du jardin*, d'après l'ancienne position du théâtre des Tuileries, bien que ces désignations ne répondent plus en aucune manière à la situation actuelle.

Il résulte de ces faits que les *périactes* servaient beaucoup moins à décorer le lieu même de l'action qu'à marquer plus nettement le point de la ville ou de la campagne d'où venaient les acteurs qui entraient en scène par les deux portes latérales. La peinture appliquée sur chacune des trois faces de la machine, ouvrait en quelque sorte, à travers l'architecture de la scène, une perspective que l'on changeait à volonté: c'était comme une percée sur l'extérieur. En remplaçant ces toiles ou ces panneaux, on pouvait obtenir une variété indéfinie de motifs. D'après les conventions adoptées, lorsque la *périacte* de droite tournait seule, le point de départ de l'acteur venant du dehors se trouvait modifié; mais lorsque la *périacte* de gauche, qui représentait plus spécialement la ville, tournait en même temps que l'autre, le lieu de l'action était complètement changé : c'est ainsi du moins que nous avons compris l'emploi de ces machines. Nous en avons même tenté une restitution, uniquement pour donner une idée de l'effet qu'elles pouvaient produire et sans nous dissimuler que les proportions d'un théâtre, comme celui d'Orange augmentent singulièrement les difficultés de la question. Les sujets de nos décorations sont tous empruntés à des peintures antiques.

Une théorie ingénieuse, suppose même qu'il y aurait eu de chaque côté de la scène, non pas un, mais plusieurs prismes, formant par leur jeu combiné tout un système de décorations tournantes. Cette hypothèse repose sur une observation qui n'a jamais été sérieusement contrôlée et d'après laquelle on aurait relevé au-dessous de la scène du grand théâtre de Pompéi, trois cavités dont *une seule* conservait encore les débris d'un pivot en bois, garni de fer. Il n'est certainement pas impossible que l'on ait multiplié les prismes tournants pour en tirer un effet plus complexe. Cependant ce développement du système des *périactes* est en contradiction avec les textes relatifs au théâtre grec, sans compter que l'une des machines ainsi placées, d'après les prétendus vestiges de Pompéi, masquerait nécessairement de chaque côté, une des grandes portes du fond de la scène. Nous nous en sommes tenus au système le plus simple, qui suffit bien pour faire comprendre le caractère de ce genre de décor.

Aux diverses sortes de décorations s'ajoutaient des machines assez simples et le plus souvent visibles aux yeux des spectateurs. Tels étaient les *enkiklèmes*, estrades roulantes que l'on poussait en dehors des trois portes du fond, pour montrer les actes accomplis dans l'intérieur du palais, la *machine* proprement dite qui faisait apparaître les dieux par l'élévation d'une sorte de potence, la *grue* qui s'abaissait pour prendre un acteur et l'enlever dans les airs, les *trappes* qui faisaient monter les apparitions à travers le plancher du *proscénium*, etc., etc. Il ne serait pas impossible de se faire une idée de ces moyens élémentaires d'après la machinerie encore très-primitive du xviie siècle, telle qu'elle est figurée par exemple dans le curieux ouvrage de *Nicola Sabattini da Pesaro* intitulé *Pratica di fabricar scene e machine ne teatri*. Ravenna, 1638. Toutefois, comme on n'a retrouvé jusqu'ici aucune représentation des machines antiques, la restitution en serait toute conjecturale.

Si grands d'ailleurs que l'on imagine les perfectionnements réalisés à l'époque romaine sur l'ancien théâtre grec, il reste toujours pour les modernes la difficulté de concevoir comment ces mouvements de décors et ces jeux de machines pouvaient se combiner avec les dimensions écrasantes de l'architecture réelle qui les encadrait. Quelle illusion pouvaient produire les constructions fictives du décorateur et la taille même des comédiens devant ces colonnades superposées? Nous pensons qu'une transition était établie dans certains cas, entre le décor et l'architecture du fond de la scène, par un large emploi des tentures. Un renseignement curieux et peu connu parle d'étoffes et de toiles que l'on disposait dans les théâtres grecs pour imiter le ciel et qui étaient blanches pour figurer le jour, noires pour figurer la nuit. Dans plusieurs bas-reliefs représentant des scènes théâtrales, on voit, en effet, des draperies tendues ainsi sur le fond du théâtre, en arrière des acteurs. Mais, en somme, c'était surtout la puissance de l'habitude et de la convention qui devaient aider les spectateurs à faire en quelque sorte abstraction des disproportions qui nous semblent si choquantes.

II

MASQUE ANTIQUE DE TRAGÉDIE, exécuté d'après les données fournies par les monuments (par MM. Darvant et Pelez).

Dans la classification des masques tragiques, qui formait une échelle de types fixes et traditionnels, ce masque répond au rôle appelé par les Grecs *catacomos okhra*, c'est-à-dire la *femme pâle chevelue* : il servait pour les grands rôles de douleur et d'épouvante, comme pour une Médée ou pour une Clytemnestre.

L'espèce de haute couronne de cheveux qui le surmonte, nommée en grec *ongkos*, était destinée à augmenter la taille apparente de l'acteur. On peut voir dans la peinture antique n° IV, le même masque figuré sur la tête du tragédien.

III

Masque antique de comédie, reproduit dans les mêmes conditions que le précédent.

Il répond à l'un des rôles de *Géronte* de la comédie grecque. Les anciens masques comiques et tragiques ne couvraient pas seulement la face : c'étaient de véritables têtes creuses, dont la disposition concave contribuait à changer la voix de l'acteur et à la rendre plus sonore. Comparez la peinture n° VII.

Les recherches auxquelles l'Exposition théâtrale a donné lieu ont amené un résultat intéressant pour l'étude des anciens masques de théâtre. Sur la foi d'un vers de Virgile, qui s'applique uniquement aux représentations rustiques et populaires de l'Italie, on pensait que ces masques étaient faits d'écorce ou tout au moins de bois. En prenant pour point de départ de nos expériences les masques et les enveloppes des momies égyptiennes, nous avons acquis la conviction que les masques tragiques et comiques étaient fabriqués avec de la toile mise en forme par un procédé d'estampage et couverte d'un enduit crayeux, auquel on donnait plus de cohésion en y mêlant de la colle. Ainsi s'explique un passage assez obscur de Lucrèce, relatif à des masques de craie, qui pouvaient, avant d'être complètement séchés, se retourner à l'envers sous l'action d'un simple choc. Deux autres témoignages antiques, jusqu'ici trop négligés, attestent que Thespis inventa les masques faits simplement de toile et qu'Eschyle après lui trouva les masques recouverts d'un enduit : c'est comme l'histoire du procédé que nous venons de décrire.

Voulant assurer aux modèles destinés à l'Exposition plus de solidité et de durée, nous les avons fait exécuter en *staff*, matière qui offre avec la précédente une certaine analogie. Pour la forme et pour le coloriage des deux masques exposés, nous avons suivi aussi rigoureusement que possible, non-seulement les indications des textes, mais encore celle des monuments, et surtout les précieux vestiges de couleur que l'on observe sur les fragments de masques en terre cuite rapportés de Tarse en Cilicie au musée du Louvre. L'exécution a été confiée, pour le moulage à M. Darvant, pour la peinture à M. Pelez.

IV

Scène de tragédie antique, reproduite en couleur d'après une peinture de Pompéï.

C'est un exemple très-complet de costume tragique ; on y remarque la robe traînante à longues manches et à large ceinture, la haute semelle du cothurne, le masque, vu de profil, avec son couvre-nuque, et l'espèce d'éminence appelée *ongkos*, qui le surmontait. Ce masque répond au type de la *femme pâle chevelue*; l'héroïne qui le porte (on suppose que c'est Augé, séduite par Hercule) tient un petit enfant, qui est un simple accessoire de théâtre. Près d'elle, un second acteur, dans un rôle de *vieille servante*, porte une aiguière. — Cette reproduction et les suivantes ont été exécutées par M. Pelez.

V

Scène de tragédie antique, reproduite en couleur d'après les peintures d'une chambre funéraire de la Cyrénaïque.

On a quelque peine à reconnaître sous les longues robes bariolées, sous le costume de convention et d'apparat de la tragédie, les dieux et les héros de la légende. Hercule est désigné par sa massue ; près de lui Mercure porte le caducée ; le troisième acteur est plus difficile à déterminer Le chœur est figuré, non dans l'orchestre, mais sur la scène, suivant l'usage des théâtres romains. On ne possède malheureusement de cette curieuse représentation qu'un mauvais croquis colorié, que nous avons dû suivre.

VI

Scène de comédie antique ; reproduction agrandie de la peinture d'un vase grec trouvé en Sicile.

Cette peinture représente la scène d'un théâtre grec. On y remarque le proscénium avec l'escalier qui servait à monter de l'orchestre, l'autel domestique placé ordinairement en avant de la porte centrale, enfin un ordre de minces colonnes, probablement en bois, décorant le fond. Le masque comique se montre dans sa laideur caractéristique, et le bizarre costume des acteurs est rembourré de manière à ajouter à la caricature du visage celle même du corps humain. Ces formes grotesques sont prêtées hardiment aux dieux et aux héros : Hercule, avec sa peau de lion et sa massue, est devenu un séducteur de bas étage, et son aventure avec Augé, dont nous trouvions tout à l'heure un épisode représenté par la tragédie s'est changée en une scène bouffonne.

VII

ACTEURS GRECS SE PRÉPARANT POUR LA REPRÉSENTATION D'UN DRAME SATYRIQUE, EN PRÉSENCE DE BACCHUS ; reproduction agrandie de la peinture d'un vase grec du musée de Naples.

Le drame satyrique avait conservé le caractère mixte des anciennes représentations rustiques en l'honneur de Bacchus ; le chœur y était formé par les satyres, dont les danses et les plaisanteries égayaient les légendes mythologiques. Une troupe de jeunes comédiens se prépare à jouer un de ces drames ; ils portent la ceinture de peau de chèvre et tiennent leurs masques suspendus par des cordons ; l'un d'eux a déjà mis le sien et répète une danse comique devant le joueur de flûte. L'auteur ou le chorège assiste à la répétition ; on le reconnaît aux rouleaux de papyrus qui contiennent les rôles de la pièce. Les acteurs principaux conservent dans leur costume et dans leur masque la noblesse du type traditionnel. Nous retrouvons encore ici Hercule, mais sous un aspect également éloigné de l'emphase tragique et de la caricature. Un autre personnage royalement vêtu tient un masque dont la forme et l'expression rappellent la tragédie. Le vieux Silène n'est peut-être que le chef du chœur. La scène est idéalisée par la présence de Bacchus qui préside à la fête donnée en son honneur ; à demi-couché sur un lit de festin, il a près de lui Ariadne et une autre femme, qui lui présente un masque d'aspect juvénile et féminin, surmonté de l'*onghos* tragique.

VIII

MYSTÈRE DE VALENCIENNES.

« Le téatre ou hourdement pourtraict comme il estoit quand fut ioué le mystère de la passion Nostre S⁼ Iesus Christ, anno 1547 ». — Paradis. — Nazareth. — Le Temple. —

Hiérusalem. — Le Palais. — Maison des Evesques. — La Mer. — La Porte dorée. — Le limbe des pères. — L'Enfer.

Exécuté d'après le manuscrit de la Bibliothèque nationale, par MM. Duvignaud et Gabin.

IX

Le Mystère de Valenciennes. — Manuscrit prêté par Mme la marquise de La Coste (un vol. in-folio).

X

Mystère espagnol. — (Personnages groupés dans une petite boîte, probablement une scène de la *Nativité*), prêté par Mlle Agar.

XI

Modèle du plafond du théâtre de Trianon, prêté par M. Dupont-Auberville.

XII

Tableau mécanique, paraissant représenter diverses scènes théâtrales relatives aux quatre saisons, avec changements à vue (xvii° siècle), prêté par M. Valpinçon.

XIII

Personnages de la Comédie Italienne. Arlequin, Brighella; Pantalon, le Docteur bolonais. Statuettes en bois, prêtées par M. de Liesville.

XIV

THÉATRE DE L'HOTEL DE BOURGOGNE. — *La Folie de Clidamant*. Pièce de M. Hardy, vers 1619?

Maquette exécutée, ainsi que les suivantes, jusqu'au n° XXIII, par MM. Duvignaud et Gabin, sous la direction de M. Emile Perrin.

« Il faut au milieu du Théatre un beau palais, et à un des
« costés une mer ou paroist un vaisseau garni de mâts, ou
« paroist une femme qui se jette dans la mer, et à l'autre
« costé une belle chambre qui s'ouvre et ferme où il y ayt un
« lit bien paré avec des draps. » (*Extrait du manuscrit de la
Bibliothèque nationale.*)

La date précise de la représentation de cette pièce est incertaine. La pièce elle-même n'est connue que par la mention qui en est faite dans le registre de Laurent Mahelot; c'est d'après ce document que Beauchamps cite *la Folie de Clidamant* et quelques autres pièces de Hardy, qui ne sont pas venues jusqu'à nous.

XV

THÉATRE DE L'HOTEL DE BOURGOGNE. — *L'Hypocondriaque ou le Mort amoureux*, tragi-comédie, de M. Rotrou, 1631.

« Il faut au milieu du Théatre une chambre funèbre et trois
« tombeaux avec quantité de lumieres ardantes et que la dicte
« chambre s'ouvre et ferme quand il en est besoing. D'un des
« costés du Théatre forme d'une maison assez belle avec deux
« chaires ou l'on s'assied dedans, et du mesme costé au qua-
« trieme acte un arbre ou l'on lie un page. De l'autre costé
« du théatre un bois, un antre, forme de fontaine et du gazon
« ou tapit ou se repose une dame du mesme costé du bois.
« plus il faut une chaisne, une bourse, une baguette, deux
« draps pour des ombres, un pistollet, des fleurets et des ron-
« daches. » (*Manuscrit de la Bibliothèque nationale*).

XVI

THÉATRE DE L'HOTEL DE BOURGOGNE. — *L'Illusion comique*, comédie de M. Corneille, 1636.

« Au milieu il faut un palais bien orné. A un costé du
« Théatre un antre pour un magicien au dessus d'une mon-
« taigne; de l'autre costé du Théatre un parc. Au premier
« acte une nuict, une lune qui marche, des rossignols, un
« miroir enchanté, une baguette pour le Magicien; des car-
« quans ou menottes, des trompettes, des cornets de papier; un
« chapeau de ciprez pour le Magicien. » (*Manuscrit de la
Bibliothèque nationale*).

XVII

Théatre de l'Hotel de Bourgogne. — *Lisandre et Caliste*, pièce de M. du Ryer, 1636.

« Il faut au milieu du théatre le petit chastelet de la rue de
« St Jacques, et faire paroistre une rue ou sont les bouchers
« et de la maison d'un boucher faire une fenestre qui soit vis
« à vis d'une autre fenestre grillée pour la prison, où Lisandre
« puisse parler à Caliste. Il faut que cela soit caché au pre-
« mier acte et l'on ne fait paroistre cela qu'au second acte, et
« se referme au mesme acte; la fermeture sert de palais. A
« un des costés du théatre un hermitage sur une montagne et
« un autre au dessoubs d'ou sort un hermitte. De l'autre costé
« du théatre il faut une chambre ou l'on entre par derrière,
« eslevée de deux ou trois marches, des casques, des bourgui-
« nottes, des rondaches, des trompettes et une espée qui se
« démonte. Il faut aussy une nuict. » (*Manuscrit de la Bibliothèque nationale*).

XVIII

Salle du Petit Bourbon. — *La Finta Pazza*, pièce mêlée de chants et de danses, de G. Strozzi, décor de Torelli.

« La place publique de la scène précédente fut transformée, avec une rapidité incroyable, en un jardin superbe et
délicieux du palais du roi. Sur le devant de la scène régnait
un dôme de verdure soutenu par huit grands termes de marbre
autour desquels s'enroulaient les branches des arbustes qui, en
s'élevant, formaient une voûte au milieu et des plafonds de
chaque côté. La même ordonnance était reproduite sur les
côtés où s'enlaçaient des myrtes et des roses. Plus loin était
répétée une autre construction semblable à la première,
avec des termes soutenant des vases pleins de fleurs odorantes.
La perspective était interrompue par un grand arc de triomphe
d'un travail rustique, par où l'on passait dans un immense
jardin. Au milieu de ce jardin, régnait une voûte de verdure
au delà de laquelle la vue, à travers une avenue d'orangers,
s'étendait à plaisir et sans fin. »

« C'est sur cette scène vraiment royale que devaient se célé-
brer les noces de Déïdamie, lorsque après la fin de sa folie, elle
aurait obtenu la main de son cher Achille. »

(*Traduit du livret italien*).

XIX

Atys. — Tragédie-lyrique représentée par l'Académie royale de musique, l'an 1676. Les paroles, de M. Quinault et la musique de M. de Lully. Décoration du 5° acte par Vigarani.

« Le théâtre représente des jardins agréables... Atys prend la forme de l'arbre aimé de la déesse Cybèle que l'on appelle Pin. Les divinités des bois et des eaux avec les corybantes honorent le nouvel arbre et le consacrent à Cybèle. »

XX

Psyché. — Tragédie lyrique, représentée par l'Académie royale de musique, l'an 1678. Les paroles sont de M. Corneille, et la musique de M. de Lully. Décoration du 2° tableau de l'acte II, par Vigarani.

« ... Vulcain et les forgerons disparaissent avec la forge et l'on voit le palais dans son entière perfection. Il est orné de vases d'or, avec des amours sur des piédestaux. Il y a dans le fond un magnifique portail au travers duquel on découvre une cour ovale percée en plusieurs endroits sur un jardin délicieux. »

XXI

Armide. — Tragédie, représentée par l'Académie royale de musique, l'an 1686. Les paroles sont de M. Quinault, la musique, de M. de Lully. Décoration du 5° acte par Berain.

« Le théâtre représente le palais enchanté d'Armide... les démons détruisent le palais enchanté et Armide part sur un char volant. »

XXII

Psyché. — Tragédie-ballet, de Corneille, Molière et Quinault, représentée pour la première fois en 1671. Décoration de l'acte III°, exécutée par Joachim Pizzoli, pour la reprise de 1685, sur le théâtre de la rue Mazarine.

« La scène se change en une cour magnifique, ornée de colonnes de lapis, enrichies de figures d'or qui forment un palais pompeux et brillant, que l'Amour destine pour Psyché. »

XXIII

Hécube. — Opéra en cinq actes. Paroles de Milcent, musique de Fontenelle, représenté pour la première fois, sur le théâtre de la République et des Arts (Opéra), le 13 floréal an VIII. Décoration du dernier tableau de l'acte V, par De Gotti.

« Le fond du théâtre s'écroule et laisse voir toutes les horreurs du sac de Troie, la ville en feu, des monceaux de morts, des groupes épars de troyens qui succombent. »

XXIV

Guillaume Tell. — Opéra en quatre actes, paroles de Jouy et Hipp. Bis, musique de Rossini. Représenté pour la première fois, le 8 août 1829. Décoration du premier acte, par MM. Rubé et Chaperon. (Les décorateurs ont reproduit les principales dispositions du décor original de Cicéri.)

« La scène se passe à Burglen, canton d'Uri. A droite, se trouve la maison de Guillaume Tell ; à gauche débouche le torrent de Schachental sur lequel le pont est jeté. Une barque est attachée au rivage. »

XXV

Robert le Diable. — Opéra en cinq actes, paroles de Scribe et Germain Delavigne, musique de Meyerbeer. Représenté pour la première fois, le 21 novembre 1831. Décoration du 2ᵉ tableau du 3ᵉ acte, par MM. Rubé et Chaperon. (Les décorateurs ont reproduit les dispositions du décor original de Cicéri.)

« Le théâtre représente une des galeries du cloître. A gauche, à travers les arcades on aperçoit une cour remplie de pierres tumulaires dont quelques-unes sont couvertes de végétation, et au-delà de la perspective, les autres galeries. A droite, dans le mur, entre plusieurs tombeaux sur lesquels sont couchées des figures de nonnes taillées en pierre, on remarque celui de sainte Rosalie ; sa statue en marbre est recouverte d'un habit religieux et tient à la main une branche verte de cyprès.

Au fond, une grande porte et un escalier conduisant aux caveaux du couvent ; des lampes en fer rouillé sont suspendues à la voûte. Tout annonce que depuis longtemps ces lieux sont inhabités. Il fait nuit, les étoiles brillent au ciel et le cloître n'est éclairé que par les rayons de la lune.

XXVI

Don Juan. — Opéra en cinq actes. Traduction de Castil Blaze et E. Deschamps, musique de Mozart. Représenté pour la première fois, le 10 mars 1834. Décoration du 2e tableau du 2e acte, par MM. J.-B. Lavastre et Despléchin.

« Le bal, vaste salle du château de Don Juan, à droite une petite porte masquée par un rideau, donnant dans un cabinet secret. »

XXVII

Les Huguenots. — Opéra en 5 actes, paroles de Scribe et E. Deschamps, musique de Meyerbeer, représenté pour la première fois le 29 février 1836. Décoration du 2e acte par MM. J.-B. Lavastre et E. Despléchin (les décorateurs ont reproduit les dispositions du décor original de MM. Sechan, Léon Feuchères, Desplechin et Diéterle).

« Le théâtre représente le château et les jardins de Chenonceaux, à trois heures d'Amboise. Le château de Chenonceaux est bâti sur un pont (en perspective), le fleuve serpente en lignes courbes jusque sur le milieu du théâtre, disparaissant de temps en temps derrière des touffes d'arbes verts. A droite un large escalier en pierre par lequel on descend du château dans les jardins. »

XXVIII

La Reine de Chypre. — Opéra en 5 actes, paroles de Saint-Georges, musique d'Halévy, représenté pour la première fois le 22 décembre 1841. Décoration du 3e acte par M. Chéret.

« La scène se passe à Nicosie, capitale du royaume de Chypre. Le théâtre représente le jardin d'un Casino à Nicosie, une vaste treille étend partout ses rameaux et forme une verte tonnelle sous laquelle des groupes de buveurs sont assis. A droite un escalier conduisant à l'extérieur du Casino, partout des massifs d'arbres et d'épais bosquets. Il fait nuit. La lune éclaire le fond de ce tableau tandis que la partie la plus avancée de ce jardin est brillamment illuminée par des candélabres placés sur les tables et des girandoles suspendues aux branches. »

XXIX

La Reine de Chypre. — Décoration du 4e acte par MM. Rubé et Chaperon.

« Le théâtre représente la grande place de Nicosie, au fond le port, à droite le palais du roi auquel on monte par un vaste perron, à gauche une longue colonnade conduisant à la cathédrale, au fond, la mer et les forts de la rade. »

XXX

Le Freyschutz. — Opéra en 3 actes, traduction de M. Pacini, musique de Weber, récitatifs de Berlioz, représenté pour la première fois le 7 juin 1841. Décoration du 2e tableau du 2e acte par MM. J.-B. Lavastre et E. Despléchin.

« Gorge sauvage en grande partie, entourée de sapins et de hautes montagnes de l'une desquelles se précipite une cascade d'eau naturelle. La pleine lune pâle, deux orages sont en marche et se croisent. Sur le devant un gros arbre séché et pourri ; il paraît calciné par la foudre, de l'autre côté sur une branche noueuse un grand hibou roulant des yeux pleins de feu, sur d'autres arbres des corbeaux et d'autres oiseaux des bois. »

XXXI

Hamlet. — Opéra en 5 actes, paroles de MM. Carré et J. Barbier, musique de M. A. Thomas, représenté pour la première fois le 9 février 1868. Décoration du 2e tableau de l'acte par MM. Rubé et Chaperon.

« L'esplanade, au fond le palais illuminé. Il est nuit, la lune est voilée d'épais nuages. »

XXXII

Faust. — Opéra en 5 actes, paroles de MM. Carré et de J. Barbier, musique de M. Gounod, représenté pour la première fois sur le théâtre de l'Opéra le 3 mars 1869. Décoration du 3e tableau du 3e acte, par Cambon.

« La rue. »

XXXIII

Jeanne d'Arc. — Opéra en 5 actes de M. Mermet, représenté pour la première fois le 3 avril 1876, décoration du 2e tableau du 4e acte par Cambon, MM. Lavastre aîné et Carpezat.

« Le théâtre représente l'intérieur de la grande nef de la cathédrale avec le maître autel en face. »

XXXIV

Le roi de Lahore. — Opéra en 4 actes, paroles de M. L. Gallet, musique de M. Massenet représenté pour la première fois le 27 avril 1877, décoration du 1er acte par M. Daran.

« A Lahore devant le temple d'Indra ; sur les hauteurs, au loin, les jardins et les édifices de la ville éclairés par les dernières lueurs du couchant. »

XXXV

Le roi de Lahore. — Décoration du 2e acte par M. Chéret.

« Campement d'Alim dans le désert de Thol, plaine sablonneuse et nue, l'horizon immense, ciel enflammé, déclin du jour, à gauche et à droite, tentes du roi, tente de Sita et de ses femmes, tapis et coussins à l'entrée des tentes. »

XXXVI

Sylvia. — Ballet pantomime en deux actes de MM. J. Barbier et Mérante, musique de M. Delibes, représenté pour la première fois le 14 juin 1876, décoration du 1er acte par M. Chéret.

« Un bois sacré. Au fond, à gauche, un petit hémicycle en marbre, avec la statue de l'Amour au milieu. Vers la droite, un cours d'eau, au-dessus duquel s'enchevêtrent les branches, et dont les sinuosités se perdent dans l'épaisseur du bois, du même côté un quartier de roc. Buissons de myrtes et de lauriers roses. Clair de lune. »

XXXVII

Le Fandango. — Ballet pantomime par MM. Meilhac, Ludovic Halevy et Mérante, musique de M. Salvayre, représenté pour la première fois le 26 novembre 1877. Décoration de M. Daran.

« La grande place d'un village près de la frontière des Pyrénées. A droite, le château du marquis; à gauche, une hôtellerie avec une grande terrasse praticable. »

DEUXIÈME PARTIE

DESSINS ORIGINAUX DE DÉCORS ET DE COSTUMES

1, 2. Costumes d'opéra. Epoque de Louis XIV. (*Arch. de l'Opéra.*)

3. Costumes d'opéra. Epoque de la régence. (*Arch. de l'Opéra.*)

4. Dessins de décorations par Lajoue. Jardin, enfer. (*Prêtés par l'administration du Mobilier national.*)

5. Costumes d'opéra. Epoque de la régence. (*Arch. de l'Opéra.*)

6. Dessins de décorations. Palais magique. Châssis de ville et de jardin (*Prêtés par l'administration du Mobilier national.*)

7. Costumes d'opéra. Epoque de la régence. (Arch. de l'Opéra.)
8. Dessin de décoration. Palais, école de Servandoni. (Donné aux archives de l'Opéra, par M. G. Berger, directeur des sections étrangères, Exp. Univ.)
9. Costumes d'opéra. Epoque de la régence (Arch. de l'Opéra.)
10 à 13. Costumes originaux du ballet du roy. Dessins sur vélin par Bérain. (Prêtés par M. Destailleurs, architecte.)
14. Costumes d'opéra. Epoque de la régence. (Arch de l'Opéra.)
15. L'hôtel de Bourgogne. Dessin original de l'almanach de 1689, par Sevin. (Arch. de l'Opéra.)
16. Dessin original du décor de Psyché; comédie-ballet (Prêté par la Comédie-Française.)
17. Affiche des comédiens de la troupe choisie, photographiée d'après l'exemplaire appartenant à la Bibliothèque de l'Arsenal.
18, 20. Anciennes affiches des théâtres de Paris, 1876 (arch. de l'Opéra.) Affiches de théâtre de province, 1791, prêtées par M. Deseille, archiviste, à Boulogne-sur Mer.
21, 22. Dessins de Daguerre, prêtés par M. Billon-Daguerre.
23. Album de 98 dessins originaux de costumes des ballets de cour et de l'Opéra. (Prêté par M. le comte d'Armaillé.)
24. Eventail représentant des acteurs tragiques et comiques réunis dans un appartement tendu de verdures (gouache du xviie siècle. Prêté par M. Lecoq, avocat à la cour d'appel.)
25. Costumes d'opéra. Epoque de Louis XV. (Arch. de l'Opéra.)
26. Dessins de décorations. Scanderbeg. 1735. (Prêté par l'administration du mobilier national.)
27. Costumes d'opéra. Epoque de Louis XV. (Arch. de l'Opéra.)
28. Dessins de décorations exécutées pour le théâtre du Havre en 1787, par Archangé. (Donnés aux arch. de l'Opéra par M. F. Hérold.)
29. Dessins de costumes d'opéra, par Boucher. (Arch. de l'Opéra.)
30. Dessins de décorations par De Gotti, palais, décorations de Fernand Cortez. (Trois dessins donnés aux archives de l'Opéra, par M. Diéterle.) Décoration du 5e acte d'Hécube. (Dessin donné aux archives de l'Opéra par M. Pescheloche, architecte.)
31. Costumes d'opéra. Epoque de Louis XVI. (Arch. de l'Opéra.)

32. Dessins de décorations par Cicéri. *Sémiramis. La Sirène.* (*Arch. de l'Opéra.*)
33. Costumes d'opéra par Berthélemy. Tamerlan. *Les Bardes*, 1804. (*Arch. de l Opéra.*)
34. Dessins de décorations par Ciceri (*Arch. de l'Opéra.*)
35. Costumes d'opéra, par H. Lecomte. (*Arch. de l'Opera.*)
36. Costumes d'Opéra, par L. Boulanger. *Esmeralda*, 1836. *Arch. de l'Opéra.*)
37. Dessin de décoration. Ciceri. (*Arch. de l'Opéra.*)
38. Costumes d'opéra (*L'Orgie, la Sylphide*), par E. Lami. (*L'Ile des pirates*), par Léopold Robert. (*Arch. de l'Opéra.*)
39. Dessins de décorations, Cicéri.'(*Arch. de l'Opéra.*)
40. Costumes d'opéra. (*La Gypsy, la Tarentule, le Lac des fées, Jeanne la folle, Sapho, Carmagnola, Benvenuto Cellini,* par M. Lormier. (*Arch. de l'Opéra.*)
41. Dessins de décoration. *Le Gladiateur*, par Thierry, *Robert Bruce*, par Cambon. (*Arch. de l'Opéra.*)
42. Éventail représentant une scène du *Bourgeois gentilhomme*, sous la régence, avec les spectateurs sur la scène. (*Prêté par* Mlle Agar.)
43. Salles de l'Opéra :
    1° Première salle du Palais-Royal; 2° Deuxième salle du Palais-Royal; 3° Salle du boulevard Saint-Martin; 4° Salle de la rue Richelieu ; 5° Salle provisoire, rue Louvois; 6° Salle de la rue Lepeletier.
44. Dessins de décoration par Despléchin. (*Prêtés par* M. Despléchin.)
45. Costumes d'opéra, *Jovita, Don Sébastien,* par M. Lormier; *Sémiramis,* par M. Alfred Albert ; *le Roi de Lahore. Le Fandango,* par M. Lacoste. (*Archives de l'Opéra.*)
46. Dessin de décoration. Le *Bal de Gustave,* par Cambon. — Les figures par Diaz. (*Archives de l'Opéra.*)
47. Costumes d'opéra. (*Sylvia, le fandango*), par M. Lacoste. (*Archives de l'Opéra.*)
48. Atelier des menus plaisirs (1821). (*Donné aux Archives de l'Opéra par* M. C. du Locle.)
49. Dessin de décoration. *La Reine de Chypre*, par Cambon. (*Archives de l'Opéra.*)
50. Inauguration de la salle de l'Opéra, rue Lepeletier, 1821. La loge du rez-de-chaussée à droite, qui était celle du

duc de Berry, dans la salle de la rue Richelieu, est murée par un sentiment de convenance. Par suite, la loge d'en face a été, de même, supprimée. (*Donné aux Archives de l'Opéra par* M. C. du Locle.)

51. Dessin de décoration. L'*Etoile de Séville*, par Cambon. (*Archives de l'Opéra.*)

52. Dessins de machines de théâtre. (*Prêtés par l'administration du Mobilier national.*)

53. Dessins de décorations. Le cloître *des Huguenots* (non exécuté.) *La Fronde*, par MM. Sechan, L. Feuchères, Despléchin et Diéterle. (*Prêté par* M. Diéterle.)

54. Dessins de décorations. Palais. Campagne. (*Prêtés par* M. Billon-Duguerre.)

55. Dessins de décorations. *La Favorite*, par M. Feuchères. (*Donné aux archives de l'Opéra par* M. le baron Taylor.) — *Stradella*, par MM. Séchan, L. Feuchères, Despléchin et Diéterle. (*Prêté par* M. Diéterle.)

56. Dessins de décoration. *Les Huguenots*, dernier tableau, par MM. Sechan, L. Feuchères, Despléchin et Diéterle. (*Prêté par* M. Diéterle.)

57. Dessin de décorations. *Chatterton*. (Par MM. Duvignaud et Gabin.)

58. Dessins de décorations. Place publique Louis XIII. *Le Lion amoureux* (5e acte). (*Archives de la Comédie-Française.*)

59. Dessins de décorations. *Ulysse*, par Despléchin et Lavastre. (*Archives de la Comédie-Française.*)

60. Dessin de décoration. 2e acte de *Chatterton*, par MM. Duvignaud et Gabin.

61. Costumes de théâtre. (Théâtre anglais.) [*Archives de l'Opéra.*]

62. Dessins de décorations. *Lions et renards*. 5e acte d'*Hernani*, par Despléchin. (*Archives de la Comédie-Française.*)

63. Dessins de décorations. 2e acte de l'*Ami Fritz*, par MM. Duvignaud et Gabin.

64. Dessins de décorations. Théâtre allemand, 1782. (*Archives de l'Opéra.*)

65. Dessins de décorations. *Marion Delorme, le Fils de Giboyer, Galilée, Dalila.* (*Archives de la Comédie-Française.*)

66. Dessins de décorations. *Tabarin, le Bonhomme jadis, Jean de Thomeray.* (*Archives de la Comédie-Française.*)

67. Dessins de décorations. *Robert le Diable* (1er acte), *la Fée aux roses*, par Cambon. (*Archives de l'Opéra.*)
68. Dessins de décorations. *Jardin d'Ève, Fille du Régent*, par Séchan. (*Archives de la Comédie-Française.*)
69. Dessins de décorations. *Orphée, Galathée*, par Cambon. (*Archives de l'Opéra.*)
70. Dessins de décorations. *Le Testament de César, Psyché*, palais de l'Amour. (*Archives de la Comédie-Française.*)
71. Dessins de décorations. *Les Troyens*, par Cambon. (*Archives de l'Opéra.*)
72. Dessins de décorations. *Diane*, salon Louis XIII; *Lady Tartuffe*. (*Archives de la Comédie-Française.*)
73. Dessins de décorations. *La Fille du Régent*. (*Archives de la Comédie-Française.*)
74. Dessins de décorations. *Rosemonde, les Contes de la reine de Navarre*. (*Archives de la Comédie-Française.*)
75. Dessins de décorations. *Le Retour du mari, le Camp d'Iphigénie*. (*Archives de la Comédie-Française.*)
76. Dessins de décorations. *Les Caprices de Marianne*, par M. Rubé, *la Suède sauvée* (ouvrage non représenté), par MM. Nolau et Rubé. (*Archives de la Comédie-Française.*)
77. Dessins de décorations. *Le Fruit défendu, Louis XI* (5e acte). (*Archives de la Comédie-Française.*)
78. Dessins de décorations. *Ulysse* (2e acte), par MM. Nolau et Rubé. *La Revanche d'Iris*, par Cambon. (*Archives de la Comédie-Française.*)
79. Dessins de décorations. *Chassis d'Iphigénie* (*Archives de la Comédie-Française.*)
80-82. Dessins de décorations, présentés par M. Dupont-Auberville.

TROISIÈME PARTIE

MACHINERIE THÉATRALE

A. Modèle en bois de théâtre avec ses dessus, ses dessous, ses treuils, chariots, trappes, etc.
B. Modèle de la machinerie du vaisseau de l'*Africaine*. (Nouvel opéra).
C. Modèle de machine pour apothéose.
D. Modèle de tambour.
E. Modèle de trappe pour l'apparition ou la disparition d'un personnage.
F. Modèle en bois d'un contre-poids de 1,350 kilogrammes, chaque pain de plomb enfilé à une tige de fer, pèse 50 kilogrammes.
G. Modèles de corderie.
H. Modèles de moufles.
I. Palette de décorateur et série des brosses employées dans la décoration théâtrale, règles, compas, etc.
K. Modèles de ferrures diverses.

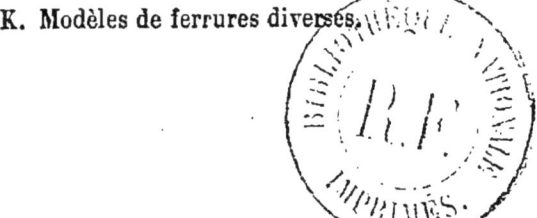

PARIS. — TYPOGRAPHIE A. POUGIN, 13, QUAI VOLTAIRE. — 11852

www.ingramcontent.com/pod-product-compliance
Lightning Source LLC
Chambersburg PA
CBHW070307100426
42743CB00011B/2387